버텨냈다는 것은

당신이 그토록 강하다는 증거

버텨냈다는 것은 당신이 그토록 강하다는 증거

신정미 지음

힘든 시기를 지나는
당신을 위한
응원의 문장들

어깨 위 망원경

Prologue

도전하는 만큼 얻는 삶에 대하여

요즘 현대인들은 과도한 업무와 성취를 압박하는 무한 경쟁 속에서 뒤처지지 않기 위하여 정신없이 앞만 보고 달린다. 그러다가 에너지가 소진되고, 어느새 '번아웃(Burnout)'에 빠지곤 한다. 급변하는 시대에 발맞추려고 자신을 한계 너머로 몰아붙이다가 기력을 소진한 것이다. 번아웃은 단순한 피로감의 문제가 아니다. 부단히 노력했지만, 그에 맞는 보답을 받지 못할 때 사람은 자신을 잃는 상실의 과정을 겪는다. 그런 순간이 오면 다수는 '그렇지, 역시 이게 나의 한계야.' 하면서 좌절을 경험하고, 신체도 감정도 무기력해진다. 지금까지 자신이 이룬 성취들이 작게만 보인다. 그러면 또 자존감이 낮아지고, 모든 생각은 부정 편향에 빠지기가 쉽다. 나 역시 번아웃을 경험했다. 나를 극한의 상황으로 자주 몰아붙였다. 하지만 그렇다고 해서 우울감에 젖어 가만히 멈춰있을 수만은 없었다.

탈무드에는 〈우유 통에 빠진 개구리 세 마리〉 이야기가 있다. 이 이야기는 소풍을 간 세 마리의 개구리가 조심해서 다니라던 엄마의 조언을 뒤로하고 신이 나서 뛰다가 그만 우유 통에 빠진 이야기이다. 처음에 우유 속에 빠진 개구리들은 똑같이 허우적대면서 헤엄을 쳤지만, 빠져나갈 수 없었다. 입구는 높았고, 벽은 미끄러웠기 때문이다. 그러다가 개구리들은 불현듯 못 빠져나갈 거라는 염려가 생겼다. 그래서 그중에 첫 번째 개구리는 미리 체념했다. 먼저 포기했으니 별다른 노력도 하지 않았다. 당연하게도 우유 밑으로 서서히 가라앉았다. 그리고 두 번째 개구리는 그래도 희망을 품고 조금 더 노력은 했지만 역시나 안 된다며 노력을 멈췄다. 그리고 첫 번째 개구리와 같이 수면 아래로 가라앉았다. 그러나 남은 한 마리의 개구리는 반드시 좋은 방법이 있을 거라고 희망하면서 본인을 침착하게 타일렀다. 용기를 잃지 않고 오랜 시간 힘을 내서 헤엄쳤다. 그러다가 어느 순간 세 번째 개구리의 발끝에 단단한 무언가가 닿았다. 치즈였다. 그렇게 세 번째 개구리는 포기하지 않고 노력하기를 반복해서 결국 우유를 치즈로 만들어서 무사히 밖으로 빠져나올 수 있었다.

나는 이 이야기가 단순한 우화로만 느껴지지 않았다. 우리 현대인들이 고난을 마주하는 모습의 은유로 느껴졌다. 현대의 끊임없는 비교와 경쟁하는 문화 속에서 우리는 미리 판정받고, 적절하게 낙관하고, 빠르게 포기하는 것이 피부처럼 익숙해졌을지도 모르겠다. 나 역시 고생만 하고 되는 게 없다고 여겨 허탈하고 무기력했던 시절도 있었다. 하지만 내가 그런 순간마다 좌절하고 말았다면, 나는 실패가 두려워 도전조차 하지 못하는 사람이 되었을지도 모른다. 다시 우화로 돌아가면 나는 세 마리 개구리의 심정을 모두 충분히 이해한다. 하지만, 결국 나는 세 번째 개구리가 되기를 선택했다.

다른 사람도 각자의 힘듦이 있겠지만 내 삶도 시행착오 없이 그냥 주어진 게 없었다. 웃음이 넘치고 경제적으로도 넉넉했던 나의 어린 시절은 찰나였다. 부모님 사업이 어려워지고부터 집이 휘청거렸다. 설상가상으로 외환위기까지 찾아와 부모님의 맞벌이에도 불구하고 오히려 마이너스가 안 되면 다행으로 여겨야 하는 상황도 많았다. 나는 어린 시절부터 가난을 경험하면서 깊은 우울감에 시달렸다. 그리고 성인이 되고서는 우울, 불안, 자존감 저하, 무기력, 집중력 결핍 등으로 중증도 우울증과 ADHD 진단을 받았다. 어떤 날은 아무것도 하기 싫었고, 어떤 날은 세상이 너무도 불공평하게만 느껴졌다. 세상 사람들 아무도 나를 이해하지 못할 것 같아서 외롭기도 했었다. 이토록 부정적인 감정이 휘몰아치고 지칠 때면 삶을 포기하고 싶었다. 부정적인 마음은 신체적으로도 스트레스로 작용했고 일상이 점점 망가졌다. 인생의 벼랑 끝에 홀로 서 있는 기분이었다. 하지만 그 순간 나 자신에게 진정으로 삶을 끝내고 싶냐고 물었을 때 나는 깨달았다. 사실 끝내고 싶은 건 나를 둘러싼 구조와 환경이지 내 삶 전부가 아니라는 것을 말이다. 그래서 어떻게든 치료하자는 쪽으로 마음을 굳혔다. 아이러니하게도 죽을 각오를 해봤기에 뭐든지 다시 해볼 수도 있을 것 같았다. 상황은 그대로인데 나의 관점이 바뀐 것이다. 이미 내게 주어진 인생을 잘 활용해서 더 빛나는 쪽으로 삶의 방향을 바꾸고 싶어졌다. 나는 가느다란 희망을 붙잡고 다시 용기를 냈다. 처음엔 계속 실패하다가도 어쩌다가 작은 성취를 이루게 되면 예전에 없던 활력과 자신감이 생겼다. 포기를 모른 채 도전하는 일에는 엄청난 힘이 숨어 있다는 것을 깨달았다. 그렇게 나는 몇 년 전부터 삶에 적극적으로 도전하면서 결국 나를 살려냈다.

지금 되돌아보면 인생을 포기하지 않고 살아가길 참 잘했다고 생각한다. 나는 좌절한 상태로 머물고 싶지 않았다. 그래서 불우한 조건들 속에서도 도전 의지를 잃지 않았고, 작은 성과일지라도 결국 하나씩 해냈다. 이 모든 것은 남이 시켜서 억지로 한 일이 아니라, 내 의지로 일어섰기에 가능했다. 내가 힘이 없을 때는 주변에서 남들이 노력하라고 하면 오히려 더 지쳤다. 나는 가진 것이 없기에, 준비할 수 있는 일부터 차근차근 시작했다. 인생은 칠전팔기라는 마음으로 임했다. 나의 기분을 나아지게 하기 위해 작은 실천은 물론, 상황을 나아지게 하기 위한 구체적인 루틴도 하나둘 만들어갔다. 또한 가능한 한 모든 정보와 제도를 활용하기로 마음을 먹었고, 내가 희망하는 직무의 자격증과 동시에 공기업 채용 방식을 분석했다. 한 번에 하나씩 순차적으로 시작했다.

집도 마찬가지였다. 한때는 형편이 어려워 기초생활 수급자로 임대 아파트에서 살았던 내가 경제적 어려움 속에서도 절약하고 철저하게 공부하여 내 집 마련에 성공했다. 정보와 전략을 활용하여 결국 집을 가지게 된 것이다. 이렇게 되기까지 여러 좌절의 순간을 지나온 나는 지금 좌절의 시기를 경험하고 있는 누군가가 있다면 작은 위로와 힘이 되어주고 싶다.

내가 지금부터 책에 쓸 이야기는 화려하지는 않지만, 생존하기 위해 고군분투했던 내 이야기와 실제 어떻게 극복했는지에 대한 반추이다. 평범한 게 꿈이었던 내가 시련과 좌절을 넘어서 어떤 전략과 노력으로 극복하고 성취했는지 그 과정이 전부 담겨있다. 내가 겪은 과정 중에서 자신에게 도움이 될 부분을 체득하여 '나도 한번 도전해 볼까?' 하는 마음이 다시 생기기를 바라는 마음으로 썼다. 자신의 가능성을 미리 규정짓지 말고 도전해야 한다. 이 말은 과도한 경쟁 속으로 무조건 자신을 몰아붙이라는 말이 아니다. 타인과의 비교를 멈추고, 내가 하는 일의 과정에서 만나는 배움과 성장을 놓치지 않으려는 마음가짐이 중요하다. 남들이 몰라줘도 나 자신은 내 노고를 알고 있으니 스스로 칭찬하고 앞으로 더 분발해 보기를 바란다. 나는 큰 성공이나 많은 성취를 해낸 사람은 아니지만, 일상 그 자체에 도전하는 모든 여정에서 우울했던 과거를 딛고 성장했다고 자부한다.

사람이 정말 가난하고 우울하면 미래를 생각할 수조차 없고, 시야가 좁아진다. 당장 눈앞의 끼니를 고민해야 하기 때문이다. 그런 처지에 주변에서 아무리 꿈을 가지라고 말해도 에너지만 더 고갈될 뿐이다. 이 책은 무기력한 굴레를 조금씩 부숴온 한 사람의 이야기이다. 꾸준한 루틴과 도전이 삶의 구조를 흔들 수도 있다는 것을 말해주고 싶었다. 이 책이 독자의 삶에 실질적으로 닿기를 바란다. 지금 마음이 지친 독자분들 역시 주체성을 가지고 자신의 삶을 조금씩 더 나은 방향으로 바꿔 나가 보기를 간절히 소망한다. 중요한 것은 실패를 딛고 다시 도전하려는 마음의 자세이다.

차례

Prologue. 도전하는 만큼 얻는 삶에 대하여 _4

1장.
그 시절의 나에게

1. 그 시절 우리는 _14
2. 한여름 밤의 기억 _20
3. 별자리 캠프 _26
4. 나만의 그림 _31
5. 청춘이여 바로 지금 _36
6. 내게 펼쳐질 수많은 '처음'들 _41

2장. 취업 성공기

1. 매력적인 오답 _50
2. 사회인으로 산다는 것은 _55
3. 경영자로 산다는 것은 _61
4. 마스크 대란이 남긴 것 _67
5. 은행에서 생긴 일 _73
6. 이대로는 안 되겠다는 마음 _79
7. 공기업 취업 분투기 _84
8. 공기업 적응기 _88

3장. 마음 극복기

1. 내가 이상하다고 느낀 날 _96
2. 프레임의 굴레 _102
3. 조금 더 일상이 된다면 _107
4. 내 마음을 터놓을 유일한 공간 _112
5. 내가 나의 부모가 된다면 _118
6. 나를 알아야 세상을 이해한다 _124
7. 우울해도 시간은 흘러 _129
8. 마음의 감기 _135
9. 어제보다 오늘, 오늘보다 내일 _140

4장. 내 집 마련 성공기

1. 나에게 집은 _146
2. 우리에게 집은 _152
3. 해뜨기 직전 _158
4. 정보 속에서 보물찾기 _163
5. 조건은 맞추라고 있는 것 _169
6. 내 집 마련이 힘든 현실적인 이유 _174
7. 내 집 마련이 가능한 현실적인 이유 _179
8. 기회를 준비하는 사람 _185
9. 집이 주는 위안 _192

5장. 도전하는 마음을 위하여

1. 일단 시작하기로 _198
2. 넘어진 자리에서 다시 일어나기 _203
3. 예기치 못한 시련 앞에서 _208
4. 기회를 마주하는 자세 _214
5. 남은 게 절망밖에 없어 보일 때 _220
6. 지속 가능한 성장을 위해 _225
7. 결핍이 결핍에서 끝나지 않도록 _230
8. 경쟁은 나를 성장하게 한다 _236
9. '잭팟' 대신 끈기가 필요하다 _241
10. 정해지지 않은 세계 속에서 _246

Epilogue. 오늘보다 더 나은 내일을 위하여 _250

1장

그 시절의 나에게

1.

그 시절 우리는

나에게도 한때 평화롭기만 하던 시절이 있었다. 그때의 기억이 문득 유리 조각처럼 반짝이며 떠오른다. 내 최초의 기억은 두 살 때쯤이었다. 초록이 가득한 유원지에서 아빠가 울지 말라고 손에 쥐여준 쭈쭈바의 시원한 감각이 새록새록 생각난다. 그 모습은 사진으로도 남았다. 또 다른 사진 속 배경은 긴 가죽 소파와 알록달록한 자개장이 세트로 갖춰진 거실의 풍경이었다. 그리고 우리 집과 연결된 마당에는 울창한 감나무가 있었다. 서툰 걸음마로 마당을 누볐다. 그때의 나는 내게 펼쳐질 미래를 전혀 알지 못한 채 순수하게 느끼는 감정을 그대로 표현할 수 있었다. 내게 그냥 주어진 것들에 대해서 감사하거나 소중하다고 생각하지도 못했다. 만약에 그 모습 그대로 우리 가족의 시간이 흘렀다면 내 인생은 달랐을까?

하지만 평화로운 시절은 오래가지 않았다. 아버지의 사업 실패로 우리 가족의 삶은 극적으로 기울었다. 경제적 어려움은 당면한 현실이었고, 부모님의 사업 스트레스는 고스란히 여동생과 나에게도 영향을 미쳤다. 유치원 시절 부모님은 중국집을 차렸다가 경기 불황을 버티지 못하고 폐업하게 되면서 서로를 향해 자주 언성을 높였다. 부모님은 잘해보려고 시작했던 사업의 책임을 서로에게 물었다. 졸지에 나는 아무 데도 의지할 수 없게 된 현실을 받아들여야 했다. 아빠가 빨간 벽돌을 쭉 따라가면 유치원이라고 알려준 뒤에는 혼자 등원했고, 유치원 졸업 후 동생과 나는 할머니 댁에 맡겨졌다. 초등학교 역시 할머니와 함께한 첫 등교를 제외하고선 동생이 입학할 때까지 혼자 알아서 갔다. 동생의 초등학교 입학 후에는 동생과 손을 잡고 같이 다녔다. 부모님과 함께 등원하는 아이들을 보면서도 나와는 별개의 일이라고 생각하면서 자랐기 때문에 크게 부러워하지는 않았다. 어쩌면 나도 모르는 사이에 내 환경을 받아들이고 독립심을 키웠을지도 모르겠다. 그때 나는 내가 일찍 철이 들었는지도 모르고 그냥 내가 '알 거 다 아는', 다른 아이들보다 조금 더 똑똑한 아이라고만 생각했다. 지금 생각해 보면 당시에 나는 철이 일찍 든다는 게 싫게 느껴지지만은 않았다. 그게 슬픈 일이라고 생각하지도 않았다. 어른이 되어서도 철이 안 들면 그게 문제이지 않을까, 하는 그런 생각을 해 본다.

어린 시절 바쁜 부모님의 공백은 친할머니들이 채워주었다. 친할머니가 아니고 '친할머니들'이라니 복수형 지칭이 뭔가 이상하다고 느꼈을 것이다. 여기에도 사연이 있다. 요즘에는 이 이야기가 다소 문화 충격일 수 있겠지만, 예전에는 흔한 일이었다. 우리 할아버지는 아내가 둘이었다. 첫 번째 할머니가 아기를 갖지 못해서 두 번째 할머니인 우리 할머니가 할아버지에게 시집와서 아빠와 고모 삼촌을 낳았다. 그리고 우리 할아버지는 일찍 돌아가셔서 할머니 둘이 살았다. 그 이후 IMF 외환위기 이후에 부모님은 큰 빚과 잦은 싸움으로 결국 이혼하게 되었다. 그로 인해 우리는 자연스럽게 할머니들의 손에 맡겨졌다. IMF 위기는 우리 집뿐만 아니라 다른 집에도 경제적, 정서적 어려움을 줬을 것이다. 하지만 어쩐지 내 눈에 다른 아이들은 아무런 타격 없이 부모의 보호 아래 잘 자라는 것 같았다. 반면에 우리 부모님은 IMF 때 가중된 빚을 갚기 위해서 각자 밤늦게까지 경제활동을 해야만 했다. 두 할머니 중 첫째 할머니는 치매를 앓고 계셨고, 나의 실제 친할머니인 둘째 할머니는 치매 환자인 첫째 할머니를 돌보며 막노동 일과 집안 살림을 동시에 도맡아서 해야 했다. 할아버지가 안 계시니 할머니끼리도 서로 애증의 관계였다. 삶이 고달프고 힘들면 서로를 못마땅해하고 비난했다. 그 시절은 모두가 힘들었다. 그때 어린 내가 할 수 있는 것은 할머니의 병원을 함께 다니면서 길을 안내하고, 같이 관절약을 받아오는 것뿐이었다.

그래도 세 살 터울 여동생과는 추억이 정말 많다. 우리 동네는 비교적 한적한 분위기였다. 지금 생각하면 약간 시골스러운 분위기였기도 했다. 그땐 동생과 자전거를 타고 동네를 누볐다. 나도 그렇지만 동생도 그 어린 나이에 주어진 모든 상황을 감당해야 했을 것이다. 초등학교 시절 동생은 저학년이라 먼저 끝나서 항상 우리 반 교실 앞에서 나를 기다려줬다. 우리는 네 정거장 정도의 거리를 걸어서 등하교를 했다. 정말 가끔 친구 부모님이 우리를 발견하고, 집까지 태워주면 집이 이렇게 가까웠구나 싶을 만큼 진짜 편하기는 했다. 하지만 남과 비교하지 않으려고 애썼다. 내가 살아남기 위해서는 '너는 너, 나는 나' 정신이 필수였다. 동생과 나는 사계절의 풍경 변화를 느끼면서 학교에 걸어 다녔다. 우리는 함께였기 때문에 가랑비가 옷을 적셔도 무겁지 않았고, 눈송이가 정수리에 닿더라도 차갑지 않았다. 서로밖에 의지할 곳이 없는 우리는 함께 인형 놀이도 하고, 예쁜 돌을 줍기도 하고, 술래잡기도 하면서 놀았다. 자매지만 많은 순간을 단짝 친구처럼 지냈다. 또한 나 역시 언니로서 동생을 챙겨주는 일이 좋았다. 한 번은 동생이 뛰다가 모르고 압정을 밟았는데, 나는 속으로 놀랐지만 침착하려고 애썼다. 그리고 동생을 차분하게 진정시키면서 압정을 빼고 소독을 해주기도 했다. 우리 집이 이혼 가정이었기 때문에 내가 동생의 보호자라는 마음으로 살았다. 이제는 시간이 흘러 우리는 각자 사회생활도 하고 결혼도 했다. 앞으로도 우리는 서로의 과거를 기억하는, 평생을 함께할 좋은 친구가 될 것만 같다.

우리는 할머니끼리의 끊임없는 신경전과 신세 한탄, 가난한 상황 때문에 서로를 향해 날 서 있는 부모님의 다툼을 지켜보면서 자랐다. 사방에서 오고 가는 언성에 매일 집안에는 공포스러운 분위기가 흘렀다. 잠을 이룰 수 없는 날도 많았다. 애초에 나는 집에 많은 것을 바라지도 않았다. 하지만 할머니들과 부모님이 우리를 버리지 않고, 먹고 입혀주는 것만으로도 감사해야 했다. 물론 두 할머니는 우리를 안타깝게 여겼다. 그래서 형편껏 따스한 밥을 지어주는 방식으로 사랑을 표현했다. 아침에 등교 준비를 하고 있으면 할머니는 조미김에 싼 밥을 가지고 따라다니면서 입에 넣어주셨다. 그렇게 몇 개라도 꼭 먹여서 학교를 보냈다. 또 가끔 결혼식과 같은 큰 행사에 갈 일이 있으면 두 할머니는 의기투합했다. 뷔페에서 제일 맛있는 음식을 비닐봉지에 챙겨 와서라도 우리를 먹이자는 데에 마음을 모았다. 그도 그럴 게 평소에는 그렇다 할 반찬이 많이 없어서 김에 간단히 밥을 먹는 날이 많았다. 가족 모두가 그랬다. 그러다 가끔 할머니가 장 봐오는 날에는 돼지고기를 넣고 김치찌개를 끓여주었다. 국물이 있으니, 평소에 비해 밥이 더 잘 넘어갔다. 보글보글 끓는 소리와 칼칼한 김칫국물 향이 나면 이미 침이 고였다. 어린 입에 김치찌개는 맵고 짰지만 칼칼하고 맛있어서 지금도 가끔 할머니의 손맛이 담긴 진한 김치찌개가 할머니 특유의 농담과 함께 떠오른다. 할머니는 유쾌하고 똑똑하셨다. 특히 일본어를 잘했고- 학교에서 일본어를 가르쳤다고 한다- 아는 것도 많았다. 할머니 역시 누군가의 딸로 소중하게 자랐을 것이었다. 어릴 때 할머니가 집안일 좀 하라고 잔소리하면 나는 하기 싫어서 투정을 부렸다.

"할머니, 나는 그거 하기 싫다."
"실을 왜 타니? 말을 타야지."

할머니는 사람 좋은 얼굴로 혼자 웃었다. 경상도 말은 짧았다. 그걸 이용한 농담이었고, 할머니는 농담하는 것을 좋아했다. 토라진 손녀에게 많은 순간 꾸중보다는 유머로 넘기려고 노력했다. 그래서 진지해지려다가도 할머니의 가벼운 농담 한 번에 다 괜찮은 일이 되는 신기한 경험이 이어졌다. 할머니의 농담은 뭔가를 포기하려고 했을 때, 한 번 더 해봤냐고 묻는 다른 말 같았다. 덕분에 나는 포기하려던 마음을 내려두고 다시 도전하고는 했다. 몸 곳곳에 관절염을 앓고 살았던 할머니는 고된 일로 허리와 무릎이 아팠을 텐데 늘 따뜻한 밥을 지어 주셨다. 우리 집은 가난 때문에 이혼한 상황에서도 끝까지 우리를 포기하지 않았던 부모님과, 매일 같이 서로를 미워하면서도 서로가 안 보이면 걱정하던 두 할머니. 그리고 그 복잡한 어른들의 세계 속에서 자라나야 했던 어린 나와 여동생이 있었다.

2.

한여름 밤의 기억

무더위가 기승을 부리는 한여름 밤이면 할머니 집의 평상과 진한 여름의 향기가 떠오른다. 내가 열 살 정도일 때 일이다. 열대야가 시작되면 누구 먼저 할 것 없이 가족들 모두 평상으로 나와서 부채질하며 누웠다. 넓은 두 개의 평상을 집 옆으로 나란하게 붙여놓아 꽤 큰 공간이 마련되었다. 평상 위에서 우리 가족은 수박, 옥수수, 자두 등 여름철 간식을 둘러앉아 먹으며 시시콜콜한 대화를 나눴다. 그곳은 온 가족이 더위를 피해서 누워 있을 수도 있고, 지나가던 동네 어르신들이 잠시 앉아서 머물다 갈 수도 있는 곳이었다. 하지만 한여름 평상에는 모기라는 적군이 있었기 때문에 평상 끝에는 늘 쑥 모기향을 피웠다. 불빛이 조금씩 안쪽으로 움직이면서 모기향이 줄어드는 것을 집중해서 바라보는 시간도 고요하고 좋았다. 평상에서 동생과 나는 놀기도 하고, 엎드려서 숙제도 하고, 잡지나 만화책을 읽기도 했다. 많은 일상을 보냈던 공간이었다. 평상 바닥에 정자세로 누워서 듣던 우렁찬 매미 소리와 여름밤의 정취가 생생하게 떠오른다.

우리 집 평상에 오가던 어르신들뿐 아니라 우리 할머니들까지 나를 책벌레라고 불렀다. 사실 나는 책을 좋아하거나 처음부터 작정하고 공부를 하던 학생은 아니었다. 그저 내향적인 성향상 밖에 많이 나가지 않고 종이로 된 것이라면 장르 불문하고 찾아보니까 책을 좋아하는 아이로 굳혀졌다. 나에게는 놀잇감이 많이 없었기에 읽던 책을 읽고 또 읽었다. 당시 할머니들은 우리 자매의 주 양육자였지만, 삼시세끼 밥을 굶기지 않는 일에만 열중했다. 나중에 내가 반에서 손가락에 꼽을 만큼 공부를 잘하게 되었을 때도 부모님은 돈을 벌어야 했기 때문에 나의 학교생활이나 교육 문제에는 여전히 신경을 쓸 겨를이 없었다. 부모님은 나에게 평생 공부하라는 소리를 한 번도 하지 않았다. 그때 내가 할 수 있는 것은 학교에 열심히 다니고, 집으로 돌아와 교과서를 보거나 동생과 함께 집 뒤편 언덕에 가서 오후를 보내는 것뿐이었다. 지금은 안전바가 설치되어 있지만, 그때는 그런 것도 없어서 자유롭게 넘나들 수 있는 언덕이었다. 그때의 나에겐 평상과 언덕이 내 세상의 많은 부분이었다. 나는 그곳에서 공부하고, 놀고, 먹고, 쉬었다.

혼자서 공부를 해도 어느 정도 성적이 오르는 기쁨을 느껴본 나는 공부를 더 잘하고 싶은 마음이 들었다. 하지만, 가정 형편상 학원에 다닐 수 없었다. 반 아이들은 학원에 다니며 이미 교우관계를 형성하고 자기들끼리 놀았다. 게다가 학교에서는 학원에 다니는 학생들 위주로 선행학습에 맞춰서 수업 진도를 나갔다. 다른 건 몰라도 친구들이 학원에 다니는 건 많이 부러웠다. 하지만 내게 학원은 닿을 수 없는 꿈이었다. 당시에 내가 살던 집은 화장실도 밖으로 나가서 해결해야 했고, 집 자체가 낡아서 허름한 분위기를 풍겼다. 그런 이유로 나는 학원에 다닐 수도 없었을뿐더러 이런 허름한 집을 친구들에게 들키고 싶지도 않았다. 그래서 일부러 빙빙 돌아서 집에 갔다. 하지만 한번은 내가 사는 집을 반 아이들에게 들켜서 예상대로 놀림을 받았다. 내가 상처를 받고 있다는 사실도 모른 채 아이들은 이야기를 부풀리거나 웃음거리로 삼았다. 반 아이들은 큰 의미를 두고 한 말은 아니었지만, 그 놀림에 나는 주눅이 들었다. 어느 날부터인가 나는 집안 형편을 일기에 그대로 쓸 수가 없었다. 그렇다고 내가 보는 일상의 풍경을 거짓으로 적을 수도 없었다. 그래서 일기를 쓰지 않았는데 어느 날은 선생님이 일기를 써오지 않았다는 이유로 반 아이들 앞에서 나를 세워두고 매몰차게 혼냈다. 왜 안 써왔는지는 한 번도 묻지 않고 혼내기만 바빴던 젊은 선생님의 울긋불긋 화가 난 모습이 떠오른다. 그때 선생님이 나에게 한 번쯤 이유를 물어줬다면 어땠을까?

어릴 때부터 나는 가난이 무엇인지 여실히 깨달았다. 매번 달라지는 준비물은 용돈을 아무리 아껴서 쓰더라도 금방 소진되기 일쑤였고, 특히 음악 시간 필수 준비물인 리코더나 미술 시간 물감 도구들은 비싸서 한참을 망설이다가 집에 이야기했다. 죄지은 것도 아닌데 비싼 준비물을 말해야 할 때면 가슴이 두근거렸다. 그럼에도 나에게서 가난의 흔적이 보였는지, 나는 반 아이들로부터 소외되었다. 그 경험은 원래 밝았던 나를 의기소침해지게 만들기에 충분했다. 당시 초등학교에 미니 화단이 있었는데 그곳에는 계절에 맞춰서 알록달록한 꽃이 심겼다. 초등학교 시절에 나는 자주 혼자였다. 친구들은 같은 학원이나 비슷한 동네 아이들끼리 놀았기 때문에 곧잘 소외되었다. 게다가 기초생활 수급자가 되면서 보이지 않는 계급이 생겨났다. 나에게는 떠올리기만 해도 부끄럽고 민망한 기억이 있다. 학교에서 하루는 소년·소녀 가장에게 라면을 한 박스씩 지급하니 가져가라고 방송하면서 대상자를 불렀다. 방송에서 동생의 이름이 불렸다. 학교에서는 그것만으로는 모자랐는지, 대상자들이 라면을 받는 장면을 실시간으로 각 반의 방송으로 내보냈다. 그로써 전교생이 그 장면을 보게 된 것이다. 내 주변에 있던 친구들이 네 동생 아니냐며 물었다. 등 뒤에서 누군가는 수군거리며 웃었고 나는 도망칠 곳을 알지 못했다. 공개적으로 가난이 낙인찍히는 순간이었다.

    그 일로 기존에 친구들에게 "그래도 어릴 때는 가난하지 않았다."라고 말한 것이 문제가 되었다. 친구들 사이에서 나는 거짓말쟁이로 불리게 되면서 왕따를 당하는 계기가 되었다. 거짓말은 아니었는데 증빙할 방법이 없었다. 아이들은 나를 단순하게 소외시키는 것을 넘어 괴롭혔다. 나와 함께 조별 과제를 하지 않으려고 하고, 나와 짝꿍이 되면 울었다. 하루는 내가 자주 지나다니던 화단에 내 가방을 던져 버리고 창문 밖으로 내려다보면서 내 반응을 살피기도 했다. 아이들의 웃는 소리가 귓가에 따라붙는 기분이 들었다. 선생님은 아이들이 나를 대놓고 따돌린다는 사실을 알고 있었지만 도움을 주지는 않았다. 선생님은 그냥 서로서로 친하게 지내라고 말하는 게 전부였다. 그래서 아무것도 해결되지 않았다. 나는 그때 받은 충격으로 학교에 가기 싫었다. 하지만 아무리 마음의 상처를 입었어도 등교는 해야 했기에 나는 감정이 없는 사람처럼 학교에 다녔다. 그리고선 항상 머릿속으로는 학교가 천재지변으로 사라지거나 어느 날 갑자기 폭파되었으면 좋겠다고 생각했다. 그때 내 마음은 혼자만의 전쟁터이고 폐허였다.

사실 나는 선천적으로 밝았지만 내 앞에 놓인 환경은 나를 자주 그늘지게 했다. 여린 마음에 상처가 나니, 아무리 사소한 일이라도 무언가에 나서는 일을 서서히 두려워하게 되었다. 나는 당시 내가 학교에서 처한 상황을 아무에게도 말할 수도 없었다. 아빠는 일 나가서 집에 없는 날이 많았고, 할머니는 들으면 속상해할 게 뻔해서 말하지 않는 쪽을 택했다. 그런 시간이 길어지자, 더 우울감에 젖었다. 가족, 친구들, 선생님 등 아무도 나를 원하지 않는 것 같았다. 이럴 거면 나는 왜 태어났지? 나는 왜 사는 걸까? 나의 필요나 존재 가치에 대한 불안이 커졌다. 나는 점점 주눅이 들어 말수도 적어졌다. 내 우울은 그렇게 소리 없이 쌓여갔다. 시간이 흐르자, 골목대장 하면서 구김 없이 놀던 내 모습은 어디론가 사라지고 기운 없는 아이만 남았다. 그랬던 내가 묵묵하게 공부만 해서 전교에서 4등이 되었을 때 아빠에게 면담 신청이 갔다. 원래는 밝고 재밌는 걸 추구하는 성격인데 그때는 놀 친구가 없었다. 놀 사람이 없으니, 공부만 하면서 조용히 학교에 다녔다. 내가 아무리 노력해도 내 마음을 알아주는 사람이 하나 없다고 느꼈다. 그러나 훗날 내가 어른이 되고 가족들끼리 모인 자리에서 아빠는 내가 사교육 없이 전교 4등을 해서 면담 신청이 왔다고 말해주며 웃었다. 그때 아빠는 학교에 갔었다고 했다. 나는 속으로 놀랐다. 나는 아빠가 관심도 없고, 모르고 있을 거라고 믿었기 때문이었다. 아빠는 오래전 일임에도 내심 자랑스럽게 여기는 것 같았다. 전교 4등 했던 그 당시에 더 칭찬해 주고 관심 가져줬다면 좋았을 거였다. 하지만 한편으로는 딸이 공부를 잘해서 면담 요청받은 일을 잊지 않고 기억하는 아빠를 보면서 어떤 진심은 세월을 통과해서 뒤늦게 도착하기도 한다는 생각이 들었다. 기억은 좋은 일과 좋지 않은 일이 뒤엉켜 차곡차곡 쌓여갔다.

3.

별자리 캠프

무수한 밤하늘의 별들은 자신만의 이야기와 역사를 품고 어둠을 뚫고 반짝이며 떠 있다. 별을 가만히 보고 있으면 혼란스러웠던 생각들이 가지런해진다. 나는 염소자리인 12월 생이다. 내가 힘들 때마다 염소자리 신화를 떠올리곤 했다. 그리스신화에 보면 파나(파나이아)의 신화가 염소자리의 기원이 된다. 파나는 모든 신들이 괴물인 티폰을 피해 도망갈 때 끝까지 싸우기 위해 자신을 희생했다. 그 결과 그는 반인 반 염소가 되었고, 그의 노력과 용기를 기려 제우스는 그를 별자리로 옮겼다. 이 신화를 듣고 나의 생일이 12월인 것이 어쩌면 운명인가

하는 생각도 들었다. 나 또한 어려움과 두려움 속에서 내가 할 수 있는 최선으로 끈기와 책임감을 가지려고 노력했다. 염소 별자리 신화를 듣게 된 이후 더 열심히 살고 싶어졌다. 별자리 신화처럼 오랜 시간이 지나도 전해지고 남는 게 있다면 누군가에게 받은 고마웠던 기억이 아닐까 싶다. 내가 별자리에 관심을 가지게 된 것은 중학교 때였다. 그때 나에겐 잊지 못할 선생님이 한 분 계셨다.

학원도 한번 다닌 적이 없는 내가 중학교 시절에 성적이 오를 수 있었던 것은 중학교 2학년 때 만난 과학 선생님의 사려 깊은 도움이 컸다. 과학 선생님은 단발머리에 우아한 느낌을 풍겼다. 당시 우리 학교 교정에는 교목인 은행나무와 국화로 인해 계절마다 특유의 분위기가 연출되었다. 내가 살던 지역은 특히 주변 지역에 대비해서 교육열이 높았고, 학생들이 교복을 단정하게 입는 것을 중요하게 여겼다. 내가 중학교에 다닐 때만 해도 등하굣길에 학생들이 두발 규정을 맞추지 않았는지, 교복이 단정한지를 엄격히 규제하는 교칙이 있었다. 또한 교실 내부에서는 소지품을 검사하는 시간도 있었다. 소지품 검사 예고가 뜨거나 불시에 감독할 것 같은 예감이 들면, 아이들은 화장품이나 몰래 가지고 있던 휴대전화 등등을 숨기기에 바빴다. 그때 모두가 눈을 감고 책상 위에 가방과 주머니에 든 소지품까지 모두 꺼내 놓아야 했다. 가방에서 소지품을 꺼내면 모두 다 각자 다른 물건들이 나왔고, 서로의 가방 속을 보는 것은 친구들의 작은 세계를 엿보는 것 같은 기분이 들었다. 소지품을 꺼내는 방식에서도 저마다의 성향이 드러났다. 소지품을 꺼내서 칼 각을 세우는 친구가 있는가 하면, 가방을 엎어 놓은 듯 산처럼 쌓아두는 아이도 있었다. 그리고 잠시 후 선생님이 긴 막대기를 들고 교실을 돌아다니면서 수상한 물건은 없는지 꼼꼼하게 살폈다. 재빠른 눈썰미로 학생이 소지할 물건이 아닌 것들을 분별해 내고, 진짜 아니다 싶은 경우에는 압수하거나 학생들이 보는 앞에서 폐기하기도 했다. 그래서 반 아이들은 소지품 검사 시간이 되면 자신이 걸릴 게 없어도 긴장하며 눈을 감고 있었다. 나 역시 긴장되긴 마찬가지였다. 하지만 그 긴장의 시간은 내게 곧 설렘의 시간으로 뒤바뀌었다. 담임이셨던 과학 선생님은 그 시간을 통해 나에게 작은 선물을 주었다. 특히 기억에 남는 선물은 인형이었다. 선생님은 인형을 나의 책상 밑 서랍에 살포시 넣어주셨다. 두 손 모으고 눈을 감고 있던 나에게 푹신한 작은 인형과 함께 조용히 넣어두라는 선생님 손의 온기가 느껴져 눈치껏 아무 말 하지 않고, 서랍 깊숙하게 넣었다. 선생님과 둘만의 비밀을 공유하는 기분이 들어서 뭔가 특별해진 느낌을 받았다.

또한 선생님은 자리 배치하는 날에도 유독 나를 신경 써줬다. 착하고 공부 잘하는 친구들로만 구성해 짝꿍을 시켜주시기도 했다. 이게 별거 아니라고 생각할 수도 있지만 내게는 정말 큰 의미였다. 교실에서 많은 시간을 보내는 만큼 좋은 짝꿍이 있다면 서로 가까이서 의지하고 도움을 줄 수도 있다. 자리 배치가 우연이라기엔 정말 좋은 친구들만 짝꿍이 되었다. 선생님 덕분에 나는 중학교 시절에 많은 우정을 쌓고 친구들과의 추억을 만들 수 있었다. 내 특유의 밝은 성격 역시 잘 유지되었다. 나는 선생님이 다른 아이들에게 보이지 않게 나를 챙겨주려고 배려해 줬음을 어린 나이임에도 완전히 알 수 있었다. 사람은 굳이 누군가가 말해주지 않아도 상대가 나에 대해서 어떤 감정을 느끼고 대하는 줄 저절로 안다. 따라서 미움받는 감정뿐 아니라 사랑받는 감정 또한 금방 눈치챌 수밖에 없다. 집에서는 느껴보지 못했던 따스한 감정이 나의 마음을 움직였다. 그 마음이 나를 천천히 일어서게 했다. 아마 그때 선생님은 내가 학원에 못 다니는 배경과 우리 집 형편을 어느 정도 알고 있었던 것 같다. 말 한마디를 해도 내가 상처를 받지 않도록 배려하고 조심하시던 선생님의 모습이 기억에 남는다. 나는 선생님께서 내어준 마음을 갚기 위해서라도 더 열심히 수업을 듣고 공부하려고 애썼다. 내 안에서 동기가 생기니 점진적으로 성적이 오르기 시작했다.

반 아이들이 수업하다가 졸리면 선생님께 무서운 이야기 해달라고 졸랐다. 그러면 선생님은 '괴담체'로 판서를 해주었다. 선생님이 반 분위기를 웃음으로 채워줘서 모두 졸음을 쫓고 수업에 다시 집중할 수 있었다. 그런 선생님의 여유롭고 편안한 모습들이 좋았다. 한번은 반에서 친한 몇 명만 데리고 선생님이 사비를 들여서 별자리 캠프에 데려가 주신 적이 있었다. 천체 망원경을 이용하여 관측하던 별, 건물 내부에 붙어 있는 성운과 성단. 은하수의 유려한 사진들이 기억난다. 그 캠프는 내 인생의 첫 캠프였다. 우리는 별자리 지도 보는 법을 배우고, 선생님이 들려주는 별자리 신화를 들었다. 처음 만져보는 망원경과 신기하기만 하던 풍경들. 그날은 내게 두고두고 아름다운 추억으로 남았다. 타닥타닥 불 속으로 타들어 가는 고민과 끊임없이 피어오르던 열기, 주변을 덥히던 뭉근한 온기가 기억난다. 그날 캠프파이어를 하면서 밤하늘 아래 서로 소통하는 시간이 참 즐거웠다. 현실은 잊고, 현재를 온전히 즐기던 순간이었다. 좋아하는 선생님과 친한 친구들 사이에서 웃고 떠들던 그 시간이 내게 큰 힘이 되었다. 주변의 소리와 그날 밤 알전구의 노란빛까지도 여전히 떠올리면 뭉클하고 웃음이 난다.

    나는 내가 할 수 있는 방법으로 선생님께 감동을 선물하고 싶었다. 내가 보답할 길은 꾸준히 좋은 성적을 유지하는 것이리라 생각했다. 여전히 학교 수업과 교과서 위주로 공부하는 수밖에 없었다. 그럼에도 나는 성적을 꾸준히 올려 나갔고, 내가 중학교를 졸업할 무렵에 나는 우리 지역에서 가장 좋은 학군의 여고를 추천받을 수 있었다. 지금 생각해도 정말 감사한 일이 아닐 수 없다. 우리가 살면서 특정한 사람과 만날 확률은 따져보면 정말 희박하다. 더구나 삶에 긍정적인 영향을 주는 인연을 만나기란 더 어렵고 희소한 일이다. 내게 선생님은 그런 인연이자 잊지 못할 애틋한 은사님이다. 중학교 시절 선생님이 내게 내어준 사랑과 지혜가 살아가는 내내 내 마음의 한구석을 빛으로 밝혔다는 것을 선생님은 알고 계실까. 선생님을 다시 뵙는다면 꼭 감사 인사와 안부를 전하고 싶다. 선생님은 여전히 우아한 단발머리를 하고 있을 것만 같다. 이제는 나 역시 선생님께서 베풀어주신 마음을 잊지 않고 나의 방식대로 또 다른 누군가에게 다정함을 전하면서 살고 싶다.

4.

나만의 그림

 오스트리아 빈 출신의 상징주의 화가인 구스타프 클림트는 화려하고 장식적인 아르누보 양식을 추구하는 작품을 많이 남겼다. 그중에 내가 좋아하는 〈키스〉라는 작품은 1907~1908년 클림트의 황금기에 완성된 작품으로 금박과 화려한 문양 기하학적인 무늬로 이목을 끌었다. 이 작품은 남성과 여성이 서로를 감싸 안는 형상을 중심으로 금박 장식 배경에 둘러싸여 있다. 이 작품은 사랑하는 연인의 신뢰와 안식을 상징한다고 한다. 사랑받는 모습이 아름답다. 작품에서 전개되는 화려하고도 정교한 색감과 무늬에, 사랑의 신성함이 느껴졌다. 이처럼 화가의 작품을 보면 다양한 해석이 가능해서 재밌다. 학창 시절에 나 역시 그림 그리는 것을 좋아했다. 그때는 반 고흐와 피카소의 그림을 좋아했었는데, 작은 점, 선, 면이 모여서 결국에는 하나의 그림으로 탄생하는 과정을 보며 나도 무엇이든 그리고 싶은 생각이 들었다. 새하얀 도화지에 색연필을 사용하여 다양한 색채와 선을 그려 넣으며 집중하면 다른 부정적인 생각들을 떨쳐낼 수 있었다. 뭔가에 푹 빠져서 집중한다는 건 언제나 기분 좋은 일이었다. 그래서 울적한 기분이 들면 나는 어김없이 도화지나 스케치북을 펴 들었다.

고등학생이 된 이후에도 마찬가지였다. 입시 경쟁과 압박에 시달리면서도 스트레스를 받을 때마다 연습장에 그림을 그렸다. 교실 창밖으로 하늘을 바라보면서 이어폰으로는 당시 유행하던 아이돌의 노래를 들었다. 아이돌의 빛나는 외모도 외모였지만, 무언가를 극복하려는 의지가 담긴 가사들에 절로 힘이 났다. 그림과 노래 감상. 그 두 가지 취미가 학창 시절에 내가 스트레스를 푸는 가장 빠른 방법이었다. 그렇다고 해서 콘서트 같은 것은 비싼 가격에 엄두도 내지 못했다. 그냥 좋아하는 그룹의 신곡이 나오면 인터넷으로 들어보고 가끔 CD를 사서 반복해서 들으면서 위로를 받곤 했다. 친구들과는 점심을 먹고 초록색 운동장에서 걸으면서 즐겨 듣는 노래나 관심이 있는 아이돌, 진학 고민이나 연애 고민 상담 등등을 다채로운 이야기를 하며 운동장을 몇 바퀴씩 돌았다. 고등학생 때 나는 일본어를 잘했는데 그건 아마 일본어까지 학원 다니는 아이들이 없었기 때문에 정규 수업으로도 충분히 따라갈 수 있어서 가능했던 것 같다. 그때도 친한 친구들과는 스스럼없이 말도 잘하고 잘 웃고 떠들었지만, 주말이나 하교 후에는 임대 아파트인 집으로 돌아오면 다시 말이 없어졌다. 수도료 미납을 문제로 수도를 끊으러 온 관리실과 다투는 부모님을 볼 때나, 아파서 일상이 힘든 할머니를 마주할 때면 마음이 다시 가라앉았다. 그때마다 나는 더 이상 그림을 그릴 수도 없고, 그려서도 안 될 것 같아서 마음이 무거워졌다.

　어디서 배운 적은 없었지만, 솔직히 나는 초등학교 2학년 때부터 내가 그림에 소질이 있다는 것을 알았다. 처음에는 풍경화를 즐겨 그렸고, 점점 다른 것들을 그려나갔다. 하지만 가난한 가정환경과 학교생활의 힘들었던 시간을 보내니 나도 모르게 우울해지고 표면적으로도 주눅 들어 있었다. 초등학교와 중학교 때 나의 꿈은 화가였다. 선생님들도 미술 시간에 내 작품을 보고 교내외 사생대회에 나가보라고 권했지만, 나는 자신감이 많이 없었기 때문에 나서기가 두려웠다. 주변에서 회화 분야로 진로를 추천하기도 했지만 내가 할 수 있는 범위 밖이라고만 생각했었다. 이미 많은 눈치를 보고 있었기 때문이다. 결과에 상관없이 튀는 행동을 하고 싶지 않았다. 내 동생은 나와 달랐다. 그림 실력은 나보다는 조금 아쉬웠지만, 주변에서 대회를 권유하면 곧잘 나가서 상을 타왔다. 동생은 패션 관련학과에 진학해서 셔츠를 만들고 다른 옷도 만들면서 그 분야의 성취를 이뤄내기도 했다. 당시 동생의 모습을 보면서 나는 내가 잃어버렸던 기회들이 떠올랐다. 그리고 동생은 나와 달리 매사에 구김이 없고 자신감이 있어서 참 다행이라는 생각도 들었다. 나 역시 학부 때 미술치료학과를 선택할 만큼 오랫동안 그림에 대한 열망이 있었다. 내가 한창 그림을 그리고 싶던 시기에는 나에게 기회가 아무리 주어져도 용기를 내지 못해서 그 기회를 잡지 못했다. 뭔가를 시도하려고 할 때마다 과거에 왕따를 당했었던 트라우마까지 떠올라서 무언가를 나서는 일에 위축되는 건 어쩔 도리가 없었다. 위축감으로 점철된 기억은 성인이 된 이후에도 문득문득 떠올랐다. 누군가 큰소리치거나 주장을 밀어붙이면 되도록 갈등을 만들지 않으려고 애썼다. 나는 설득되지 않아도 갈등 상황을 피하려고 타인의 감정에 나를 맞추기도 했다. 그림 속에서 밝기를 올리려면 그만큼의 어두운 그림자가 필요하듯 내 삶의 그림자 역시 다른 사람은 몰라도 나는 잘 안다. 내 그림자는 단순한 어둠이 아닌 나의 안쪽 더 깊은 어둠으로 파고들며, 동시에 외부적으로는 밝게 보이게 돕는 날카로운 양날의 칼날이라는 걸 말이다. 나는 성인이 된 지금도 심리 상담을 받으면서 대처하는 능력에 대한 상담을 받는다. 한 번에 고쳐지지 않는다는 걸 안다. 내가 점점 더 단단해지고, 내 빛이 안정되어 감을 느꼈다.

 내가 미술을 오랫동안 가슴에 품은 이유를 지금 와서 돌이켜보면, 미술 그 자체에 대한 흥미뿐 아니라 새로운 일에 도전하지 못했던 지난날에 대한 미련일지도 모르겠다는 생각이 든다. 나에게 기회가 왔던 과거의 순간에 내가 조금만 더 나라는 사람에게 자신감이 있었다면 좋았겠다는 미련이다. 하지만 기회는 과거에서 끝이 아니라는 것도 안다. 내가 그릴 도화지는 여전히 많다는 걸 나는 하나씩 새로운 무언가를 도전하면서 알게 되었다. 사람마다 경험과 성격이 다르듯이 누군가는 자신의 삶을 오밀조밀하게 세세히 그릴 수도 있고, 누군가는 거칠지만 강렬하게 그려낼 수도 있다. 붓의 주인은 자신이다. 내가 인생의 본질에 대해서 논할 수는 없다. 하지만 내 미래 역시 그릴 수 없다고 포기했다면 나는 많은 것을 극복하지 못하고 잘못 그어진 좁은 테두리 안쪽에서 정체된 삶을 살았을 수도 있다. 그러니 과거에 머뭇거리던 실수 또한 큰 그림을 그리기 위한 필연이라고 생각하고 싶다. 내 인생에서는 내가 주체적으로 붓을 잡고, 직접 그림을 그리고 싶었다. 미술은 축적의 미학이라고도 한다. 서서히 축적된 시간과 혜안을 통해서 작품의 깊이는 더욱 깊어진다. 내가 과거로 돌아가서 다시 새롭게 그릴 수는 없지만, 지금 있는 그림을 덧칠하고 수정하면서 나만의 작품으로 바꿔 갈 수는 있다. 이러한 과정에서 나는 확실하게 알게 된 것도 있다. 삶이라는 그림은 작은 조각 같은 희망과 절망, 기쁨과 슬픔, 밝음과 어두움 등으로 적절하게 이뤄진다는 것. 그런 삶의 점, 선, 면이 모여서 인생이라는 하나의 커다란 화폭이 된다는 단순한 사실을 말이다. 클림트가 전통을 거부하고 자신만의 화려하고 상징적인 예술 세계를 구축했듯이 나는 남은 인생에서 이미 주어진 상황에 좌절하지 말고 나만의 색채로 남은 그림을 잘 그려가고 싶은 마음이다.

5.

청춘이여 바로 지금

앞의 에피소드에서 말했듯 나는 그림을 좋아했고, 한때는 화가를 꿈꿨었다. 그래서 학창 시절에 미대에 입학하여 화구(畵具)를 들고 캠퍼스를 누비는 상상도 여러 번 했다. 여러 미술도구를 활용하여 나만의 그림을 그리고 싶었다. 대학 거리의 풍경과 학교의 전통을 고려해서 홍익대학교 미술대학을 꿈꿨지만, 현실적으로 내 형편에 미대 입시는 힘들었다. 부모님은 나의 진로나 학업에 관련된 것은 시종일관 방치를 해왔었다. 하지만 대학 진학을 앞두고서는 취업이 잘되는 보건 계열, 특히 방사선 학과에 진학해서 하루빨리 집안의 경제활동에 참여하길 원했다. 우리 집은 빚이 많았기 때문에 늘 돈이 부족해서 힘든 시간을 보냈다. 그래서 여전히 가구 소득을 늘리는 것이 가족의 최우선 목표였다.

하지만 나는 내가 하고 싶은 일과 조금이라도 연관된 걸 배우고 싶었다. 오래 고민해서 내가 원하는 대로 학과를 정했다. 내가 확고하게 말하니 부모님도 더 이상 관여하지 않았다. 대신 학비를 혼자서 감당할 자신이 없어서 성적에 맞춰서 전략을 짰다. 서울 쪽 대학에 지원하기보다 안정적으로 입학할 수 있도록 살짝 하향해서 지원했다. 나는 그 전략 덕분에 당당히 4년 장학생으로 입학할 수 있었다. 하지만 장학금으로 학교에 다닌다고 해도 생활비까지 충당하기는 힘들었다. 책값, 식비, 교통비, 의류비 등등이 수시로 발생했다. 나는 국가장학금 생활비 대출 가능 대상자였다. 학생 신분이기에 받을 수 있는 이율이 낮은 대출이라서 망설임 없이 생활비 대출을 해서 부모님께 드려 살림에 보탰다. 어른들은 돈을 어떻게 버는 걸까. 돈은 벌어도 벌어도 부족한 걸까? 나는 늘 의문이었다. 그때까지만 해도 나는 아르바이트 경험이 없었다. 아, 한번 아르바이트 미수에 그친 적은 있었다. 수능이 끝난 후 왠지 모르게 아르바이트를 해서 돈을 벌고 싶었다. 한데 일자리 구하는 방법을 몰라서 무작정 친구들 세 명과 교복을 입고 호텔 아르바이트를 해보기로 했다. 가는 길 버스에서 아르바이트비를 받으면 각자 뭐 할 거라고 이야기하면서 기대에 부풀기도 했다. 친구들과 나는 호텔에 다짜고짜 들어가 일을 구하러 왔다고 말했다. 그랬더니 호텔관계자 한 분이 뒷마당으로 우리를 데려가서 짝다리 짚으면서 우리가 할 수 있는 일은 없다고 단호하게 말했다. 그는 우리를 곧장 집으로 돌려보냈다. 야심차게 도전했지만, 호텔에서 나오는 길은 조금 허탈했다. 우리는 여전히 그때 일을 간간이 말하면서 웃는다. 처음 도전할 때 품었던 기대와 달리 돈은 남지 않았지만, 친구들과의 추억은 남았다. 모쪼록 그런 연유로 정식적인 아르바이트는 대학 시절 졸업반 때 해볼 수 있었다. 근로장학생 제도가 있어서 신청했다. 얼마 뒤 나는 근로장학생으로 선발되었다. 그래서 나는 패션디자인 업체에서 청소나 사무 영수증 정리 등의 일과 패턴 그리기, 염색된 옷감에 그림 그리기 등의 일을 했다. 그렇게 방학 기간 3개월을 꼬박 근로장학생 신분으로 아르바이트했다. 비록 적은 금액이었지만, 내가 처음 벌어온 돈이라서 부모님께 드렸다. 그리고 혼자 내심 뿌듯했다. 한데 이 이야기에는 반전이 있다. 그건 바로 부모님은 근로장학생으로 번 돈을 내가 썼다고 기억하고 있다는 것이다. 나름 목돈이었는데 부모님께는 워낙 소액이라 기억이 없으신 것 같다. 그래도 그렇지 부모님이 그렇게 기억할 줄 알았다면 그 돈은 내가 쓸 걸 하는 아쉬움은 조금은 남는다.

대학 시절에는 나도 한참 꾸미고 싶고, 놀고 싶은 20대 초반이었다. 우리 학교 캠퍼스는 넓은 녹지와 전통과 현대가 공존하는 조경이 있어서 걸어 다니기만 해도 활기찬 기분이 들었다. 나는 평범한 대학생으로 학업도, 생활도, 축제도 포기할 수 없었다. 그래서 학교에 잘 적응하기 위해 애썼다. 나의 MBTI는 ISFP이다. 기본적으로는 혼자 있기를 좋아하는 내향적인 성향인데 또 시키면 거절하지 않고 뭐든 잘하는 스타일이었다. 하루는 축제를 앞두고 대학교에서 과 선배가 수업이 막 끝난 강의실에 들어와 음악을 틀어두고 춤을 춰보라고 했다. 그러더니 몇 명을 골라 무대에 세웠는데 그중 한 명이 나였다. 학술대회나 축제 때는 보통 〈솜사탕〉, 〈겨울 노래〉 등등 신나는 곡을 선곡해서 춤췄다. 내 기질적인 성향과는 어울리지 않는 일이었지만, 자꾸만 나에게 권유했다. 그건 아마 내가 시키면 어떤 것이든 막론하고 열심히 하는 사람이었기 때문이었을 것이다. 실제로 나는 사람들이 많은 곳에 가면 기는 빨리지만, 친화력은 좋고 섬세한 면이 있어서 타인과 금방 친해지고는 했다. 그래서 나를 오래 봐온 여동생은 자꾸만 언니는 외향인인 'E' 같다면서 의심하곤 했다. 나는 다시 돌아오지 않은 대학 시절에 충분히 추억을 만들고 동시에 수업을 통해서 미래를 꾸준하게 준비했다. 사회복지사 2급도 학기 중에 취득했다.

학사 공부할 땐 힘들었지만, 복수 전공 덕분에 이후 취직이나 이직할 때 유용했다. 하지만 그때는 사회생활에 대한 감각이 없었기 때문에 대학 졸업하기 직전에 들었던 생각은 '막막함'이었다. 내 앞에 기다릴 사회생활이라는 현실의 정체를 알지 못해서 불안했다. 다들 취업은 어떻게 하는 것인지 싶었고, 학교에서 밖으로 완전히 풀려나는 게 조금 무서웠다. 자유로움이 주는 두려움이 생겼다. 나는 미술치료과, 노인복지과를 복수전공으로 이수했는데, 두 전공을 하고 나니까 미술치료 쪽으로는 가고 싶지 않다는 결론이 나왔다. 왜냐하면 그 일이 나와는 맞지 않는 일이라는 생각 때문이었다. 미술치료는 단순히 그림을 좋아해서 될 일은 아니었다. 내가 감정이입이 과해서 미술치료사로서 자질이 부족하다고 스스로 판단했다. 담당 교수님은 미술치료 취업을 권유했지만 내 입장은 확고했다. 사회복지 쪽으로 나가야겠다고 마음을 먹었다. 그리고 나는 대학 졸업과 동시에 공부를 다시 시작했다. 사회복지사 1급 자격증 취득에 도전해 더욱 취업 선택지를 늘리고 싶었다. 나는 결심한 마음 그대로 무작정 도서관으로 향했다. 봄부터 시작한 공부는 가을까지 이어졌다. 수확의 계절인 가을에 남들은 취업이라는 과실을 맺는데, 나만 멀리 돌아가는 것 같아서 불안함이 종종 서늘한 가을바람처럼 밀려오기도 했다. 내가 다니던 도서관은 지금은 리모델링되어서 신식 건물로 탈바꿈했지만, 내가 수험생활을 할 때까지만 해도 붉은 벽돌에 구식 건물이었다. 구식 건물일 때도 낭만은 있었다. 가을이면 울긋불긋 낙엽이 벤치 위로 와르르 쏟아져 내렸고, 나무 칸막이 책상에는 여러 사람이 거쳐 간 흔적이 남아 있었다. 매일 도서관에 가다 보니 낯익은 얼굴이 생겼다. 하지만 각자의 공부에 열중했기에 알지만 모르는 사이였다. 공공시설이지만 내게 공부할 수 있는 공간이 있다는 사실만으로도 참 감사했다.

6.

내게 펼쳐질 수많은 '처음'들

사회생활이 시작되었다. 학창 시절과 대학 시절에 막연히 생각했던 직장생활은 자유로움 그 자체였다. 어른이 되면 얼마나 자유로울까. 사회인만 되면 짜인 시간표가 아니라 내가 원하는 시간에, 원하는 대로 행동할 수 있을 줄 알았다. 또한 경제적으로도 풍요로워지고, 옷도 규정에 얽매이지 않고 마음대로 입어도 될 것 같았다. 하지만 현실은 달랐다. 상상치 못한 난이도의 예측 불가능한 상사라는 존재가 있고, 회사 내부적으로 은은하게 깔린 소속감과 파벌, 이해관계가 복잡하게 얽혀있었다. 게다가 실전이다 보니 업무적 책임감 때문에 자유와는 거리가 멀었고, 오히려 안간힘으로 버텨야 하는 순간이 많았다. 학교 다닐 때는 선생님 눈만 피하면 자유였던 셈이라는 걸 나는 너무 커서야 알게 되었다. 졸업 이후에 나는 무작정 도서관에서 자격증 공부만 할 수 없어서 방문요양센터에 시간제 근무자로 취업했다. 하지만 일을 시작하면서부터는 점점 부당함을 느꼈다. 나는 최저시급을 받으면서도 요양센터에 일어나는 거의 모든 일을 했다. 이미 요양센터 시스템에 다 관여하고 있었다.

그래서 어느 날 문득 요양보호사의 처우를 개선하면서도 본인의 실속만 따지기보다는 정직하게 요양센터 운영을 해보면 어떨까 싶었다. 나는 중과된 일이 미래를 위한 선행학습이고 실전 경험이라고 생각하면서 천천히 사업을 준비했다. 그때까지만 해도 나는 방문요양센터를 잘 운영할 자신이 있었다. 함께 일하는 요양보호사의 처우를 개선하고 싶었고, 적어도 내가 전에 일하던 센터보다는 안정적이고 정직하게 센터를 잘 운영할 자신이 있었다. 하지만 그런 마음만으로 시작한 게 가장 큰 오류였다. 나는 요양보호사를 고용하는 과정에서 사람과 함께 일하는 것이 쉽지 않다는 것을 느꼈다. 특히나 사람을 고용하는 것은 노련해야 가능한 일이었다. 당연한 말이지만 모두를 만족시킬 수 없었다. 하지만 나는 모두를 만족시키고 싶었고, 그런 마음과 현실의 괴리가 나를 힘들게 했다. 나는 시간이 흐르면서 점차 업무 이해뿐 아니라, 함께 일하는 사람을 잘 이해하고 조율할 수 있는 사람만 사업을 벌여야 한다는 것을 깨닫게 되었다. 사업은 손익 분기점을 찍기도 전에 점점 마이너스가 되었다. 결과적으로 나는 경험 미숙과 경영 부진이 누적되자 더 버틸 수가 없어서 3년 차에 폐업을 해야만 했다.

폐업 이후에 나는 매일 시내에 있는 중앙도서관에 도시락을 싸 들고 다니면서 사회복지 공무원을 꿈꾸며 공부했다. 지방직 국가직 가리지 않고, 시험을 치러 다녔다. 사회복지사 자격증을 취득할 때처럼 일단 해보자는 마음으로 우직하게 공부했다. 나는 아침에 눈을 뜨면 도서관에 가고 밤이 돼서야 집으로 돌아갔다. 조금이라도 돈을 아끼려고 구내식당에서 싸 온 도시락이나 편의점 라면, 삼각김밥을 먹으면서 끼니를 때웠다. 가족들 모두 일하는데 나 혼자 돈을 벌지 않고 있다는 사실이 내심 신경이 쓰였다. 하지만 그런 내 상황을 어떻게 아는지, 아빠는 어차피 일은 평생 하는 거라면서 다시 하면 된다고 용기를 주고 책값이나 밥값으로 쓰라면서 조금씩 용돈도 주셨다. 그때 가장 힘이 되었던 건, 사업이 망했지만 나를 믿고 내가 하는 일을 지지하고 기다려준 가족들의 인내가 컸다. 그렇게 나는 나도 모르는 사이에 가족들의 믿음을 바탕으로 성장했다. 나는 20대 중반에 이미 취업도 사업도 경험했다. 이 경험은 이후의 나에게 앞으로의 일들에 대한 두려움이기도 했고, '이보다 더 힘들겠어.' 하는 자신감이 되기도 했다.

사회복지 공무원 준비를 하던 나는 연속되는 낙방에 유관 업무 경험이라도 쌓아야겠다는 생각이 들었다. 때마침 동사무소에서 복지과에 단기 계약직 직원을 구했고, 나는 이력서를 냈다. 그리고 출근 연락이 와서 나에게 장애인 복지과 민원실을 경험해 볼 수 있는 기회가 주어졌다. 하필 그때는 코로나가 막 유행하기 시작한 시기였다. 그 여파 때문인지 평범한 민원인도 많았지만, 악성 민원인도 정말 많았다. 매일 일과를 끝내고 오면 가방만 던지고 그대로 뻗었다. 기운이 쭉 빠져나가는 기분이 들었다. 계약 기간이 끝나고 동사무소에서는 계약 연장을 원했지만 나는 원하지 않았다. 다른 일을 하려고 한다고 정중하게 거절했다. 그리고 마음속으로 새로운 일을 찾아야겠다고 생각했다.

나는 원래 하던 사회복지 공무원 준비를 포기하고 취업고용센터에 일자리 알선을 등록했다. 그 모든 행동이 취업 선택의 폭을 넓힐 거라는 생각이 들었고 그 생각은 적중했다. 취업고용센터에서 내가 사는 지역에서 제일 규모가 큰 은행에 연계해 줬다. 1차 서류 전형과 2차 면접을 거쳐서 들어갔다. 나는 무기계약직 신분이었다. 아무리 승진한다고 해도 정규직 신입직원보다 못한 대우를 받았다. 그 당시의 나는 알맹이는 없고 그냥 껍질만 남아서 유령처럼 회사와 집을 오가는 기분이 들었다. 그때의 나는 배터리 방전, 그 자체였다. 나는 은행에서 업무를 계속하면서도 주기적으로 병원에 내원하여 약 처방을 받고 외래 진료를 봤다. 그리고 당시 내게 주어진 상황에서 할 수 있는 것들을 찾았다. 결국 다시 공부였다. 공기업에 정규직으로 소속되고 싶은 열망이 점점 커졌다. 일을 하면서 학습을 병행하는 일이 쉽지는 않았지만, 목표가 있었기 때문에 피곤함을 몰아내면서 공기업 공부에 매달렸다.

집도 직장과 마찬가지였다. 여러 시행착오를 겪었다. 오래 사귄 남자 친구와 결혼을 앞두고 있으면서도 제일 걱정되었던 게 집 문제였다. 우리는 장거리 연애를 하고 있었고, 집 문제가 해결되면 결혼하려다 보니 1년 후에 2년 후에 하면서 자꾸만 결혼이 늦어졌다. 그러는 사이에 부동산 가격은 폭등하고 점점 현실의 벽은 높아졌다. 하지만 미래를 위해서는 집에 대해서 구체적인 계획이 필요했다. 주거 공간은 쉼이 되어야 하는데 나에게 집은 항상 짐이고 부담이었다. 우리는 당장 청약할 수 있는 상황은 아니라서, 먼저 국가 제도 중 우리에게 해당하는 것이 없는지를 살폈다.

20세기를 대표하는 건축가인 루이스 칸(Louis Kahn)은 집에 대해서 아래와 같이 말했다.

"집은 단순히 살기 위한 곳이 아니라,
살아가는 데 필요한 에너지를 충전하는 곳이다."

내가 생각하는 집도 루이스 칸의 말처럼 살아가는 데 필요한 에너지를 충전하는 휴식처인 공간이다. 집은 가장 편한 공간이어야 한다. 우리가 집에 사는 것 같지만, 때론 집이 우리를 살게 하기도 한다. 우리는 보금자리를 얻을 징검다리 단계로 신혼부부 희망 타운 입주 일정을 체계적으로 찾아보면서 열심히 공부했다. 그리고 고도의 전략으로 결국 입주할 수 있었다. 이 과정에서 느낀 점은 아무리 현실이 나를 묶어두려고 해도 최선을 다해 이루고 싶은 방향으로 공부하면 조금씩이라도 앞으로 걸어 나갈 수 있다는 것이었다. 이후 신혼 희망 타운에 거주하면서부터는 본격적으로 청약을 공부했다. 청약은 조심스럽고 신중해야 했다. 현실적으로 가능한 범위를 선택하고 계획을 잘 짜야 했다. 나는 일하면서도 청약 공부를 놓지 않았으며, 희망 지역의 공고 알림을 신청해 놓았다. 과연 나는 청약에 성공할 수 있었을까?

나는 앞으로 미래에 어떤 일이 닥칠지도 모르고 지금을 성공의 모습이라고도 생각하지 않는다. 여전히 나는 계속 조금씩 더 나아지기 위해 매일 뭔가를 배우고 고민한다. 끊임없이 자기 계발을 하면서 소비를 줄이고 검소하게 지냈다. 성취한 만큼 포기해야 했던 것들도 많았다. 남들 다 있는 명품이나 사치품은 사지 않았다. 물론 터무니없이 비싸서 못 사기도 했지만, 굳이 빚내거나 예산을 초과하는 과소비를 하고 싶지는 않았다. 그리고 그런 가시적인 물건들로 가난을 숨기려고 하지도 않았다. 미래의 내가 얻을 가치가 더 크다고 생각하면서 버텼다. 나의 모든 첫 경험들이 나를 어디로 데려갈 줄은, 그땐 알지 못했다.

앞으로 전개될 2장부터는 작게나마 내가 이룬 성취의 조각들과 그 성취에 도달하며 반전에 반전을 거듭했던 노력을 세부적으로 구획하여 더욱 자세하고 실질적으로 적어보았다. 이 책이 누군가에게 닿아서 스스로 일어나서 도전하는 데에 조금이나마 실용적인 도움이 되길 바란다.

  이 책이 단순히 '보는 책'이 아니라 '해보는 책'이 되었으면 좋겠다.

2장

취업 성공기

1.

매력적인 오답

당신은 시험을 보다가 정답이 하나라는데 두 개 이상의 답이 보이는 경험을 해봤는가? 혹은 정답처럼 보여서 쉽게 선택했는데 알고 보니 오답이었던 경험이 있는가? 나는 그런 경험이 있다. 특히 내가 공부했던 사회복지사 1급 자격증 시험은 난이도가 높아질수록 정답처럼 보이는 매력적인 오답이 많이 등장해서 그야말로 혼돈에 빠지기가 쉽다. 대학 졸업 후에 나는 바로 취업하지 않고, 제일 큰 중앙도서관에 다니며 사회복지사 1급 자격증을 취득하기 위해서 열을 올렸다. 사회복지 관련학과에 졸업하면 졸업과 동시에 사회복지사 2급 자격증이 주어지고, 2급 자격증이 있어야 사회복지사 1급 자격증에 도전할 수 있었다. 나는 아무래도 사회에서는 사회복지사 1급 자격증이 있어야 취업의 선택 폭이 더 넓어질 거라는 막연한 확신이 있었다. 또한 당시에 내게는 그런 확실한 증명이 필요했다.

나는 도서관에서 공부하면서 구내식당이나 편의점 간편식으로 끼니를 해결했다. 교재는 서점에서 사고 온라인 강의를 들었다. 그렇게 매일 눈뜨면 도서관에 가고 밤이 되면 집에 갔다. 나도 사람인지라 죽어도 공부를 안 하고 싶은 날도 있었다. 하지만 그래도 나에게는 일단 가서 엎드려 잠을 자더라도 도서관에는 나가자는 원칙이 있었다. 결과 없이 공부만 하다 보면 당연히 걱정되는 날이 많을 수밖에 없다. 나는 언제까지 이렇게 취업과 자격증 준비만 하게 될까? 애먼 시간만 지연시키고 있는 건 아닐까? 나도 취업이란 걸 할 수 있을까? 의문이 끝이 보이지 않는 날도 있었다. 불현듯 불안에 잠식되기도 했지만, 하루하루를 그냥 공부하면서 충실하게 지냈다. 너무 멀리까지는 걱정하지 않으려고 애썼다. 그냥 막연하게 나도 직장생활이 하고 싶었다. 공부 계획은 이러했다. 사회복지 기초, 사회복지 실천, 사회복지 정책론 등 과목마다 하루 하나를 골라서 한 단원씩 끝내자고 계획대로 하기만 했다. 나는 온라인 강의와 이론서 정독을 기본으로 하고, 그날 공부한 부분에 대한 기출문제 풀이와 오답 노트를 작성하였다. 실전 문제와 이론 사이를 반복해서 오고 가다 보면 어떤 걸 문제시하는지 어렴풋이 보였다. 나는 그렇게 실전 감각과 출제경향을 꾸준히 익히는 식으로 공부를 심화했다. 그날에 목표한 단원만 공부하자. 내가 평소에 심플하게 생각하는 편이라서 공부 계획도 단순했다. 그리고 그게 나에게 가장 잘 맞는 공부법이었다.

대학교를 졸업한 이후 친구들은 각기 제 길을 갔다. 주변에 이르게 결혼하거나 취업하는 친구들을 보면서 조급한 마음도 있었지만, 나는 타인과 상관없이 내게 맞는 속도를 택했다. 약한 마음이 들수록 더욱 공부에 매진하려고 애썼다. 특히 매해 개정된 내용은 출제될 가능성이 높아서 온라인 강의로 업데이트하기 위해 노력했고, 다른 이론은 눈으로 몇 번이고 익혔다. 남들과 다른 내 상황에 좌절하지는 않았다. 오히려, 내 의지로 원하는 공부를 할 수 있다는 것 자체로 감사하기로 했다. 어릴 적부터 나는 우리 집이 여기서 어떻게 더 가난해질 수 있겠어? 하는 정도의 가난을 겪었다. 그러니 마음 한 곳에서는 이 이상 바닥으로 갈 곳도 없고, 더 나빠질 수 없다는 결론이 났다. 나는 정말 위로밖에 갈 곳이 없구나, 하고 생각하며 스스로 계속 자신의 한계를 넘기 위해서 도전했다. 그래도 실패하면? 다시 해보자. 여러 번 해보는 거야. 여기가 안 되면? 저기로 해보자. 이런 식으로 인생에 덤비듯이 굴었다. 실패 앞에서도 '또 한 번 해보자.' 이게 나 자신과의 약속이었다.

그 약속은 생활비를 벌어보고자 방문 요양센터의 일을 하면서도 계속되었다. 그렇게 일과 병행하면서 독학으로 준비한 사회복지사 1급 자격증 시험에서 나는 세 번의 낙방을 겪었다. 하지만 내 가능성에 한계를 긋지 않았다. 그저 감정을 털고 일어나 다시 도전해 보자, 한 번 더 해보자, 하고 외쳤다. 그런 나의 마음속 외침이 나를 결국 합격으로 이끌었다. 그렇게 나는 한 번에 합격한 게 아니라 끝내 합격한 사람이 되었다. 그 사실이 내겐 더없이 큰 기쁨이었음은 물론 향후 무언가를 도전해야 할 때 큰 원동력이 되어줬다. 하지만 합격까지 가는 과정에서 나는 생활비가 필요했다. 마냥 공부만 할 수는 없었다. 나는 돈도 벌면서 공부도 해야 하는 상황이었고, 그때는 내가 소유한 2급 사회복지사 자격증으로 취업할 수 있는 일자리가 절실했다. 나는 눈부신 조명 아래 비친 짙은 그림자를 쫓는 심정으로 자연스럽게 방문 요양센터에 단시간 근무자로 취업하였다. 그때만 해도 내가 일과 공부의 균형을 맞출 수 있을 것 같았다. 경력과 생활비, 그리고 자격증 공부를 동시에 해결할 방법이 없을지를 고민하다가 내린 최선의 결론이었다.

사회 초년생 시절 나는 사회생활에 대해서 어렴풋이 짐작만 했을 뿐 잘 알지 못했다. 앞으로 내게 일어날 일들은 전혀 예상하지 못한 채 덜컥 방문요양센터 일을 시작하게 되었다. 그 당시만 해도 나는 내가 인생에서 찍은 답이 정답이라고만 생각했다. 가장 효율적이고 빠른 길이라고 확신했다. 상황에 치인 그때 나에게는 다른 답이 보이지 않았다. 내 사정에 맞춰서 진정한 목표나 가치를 위해 선택했다고 했지만, 오히려 그래서 합격까지 오래 돌아갔는지도 모르겠다. 하지만 그 당시에는 시험 시간에 쫓기는 사람처럼 나는 매력적인 오답을 골라놓고, 더 깊이 생각할 틈도 없이 다음 문제로 넘어갔다. 그렇지만 인생은 시험과 다르다. 오답이 정답인 경우도 있고, 오답인 줄 알았지만, 결국엔 정답으로 가는 과정일 수도 있다. 그 사실이 인생을 더 살만한 것으로 만들어 준다고 생각한다. 한순간 한 번에 결정지어지지 않는 것. 정해진 답이 없는 것. 그것이 진짜 인생의 묘미가 아닐까?

2.

사회인으로 산다는 것은

막상 사회인이 되니 내가 기존에 생각했던 이상과 현실의 괴리감이 컸다. 내가 선망해 온 커리어우먼은 자기 관리를 잘하고, 늘 오피스룩 차림에, 앞코가 네모나거나 뾰족한 힐을 신고, 여유롭게 또각또각 걷는 도도한 스타일의 모습이었다. 그러나 사회생활을 하면서부터는 사회인에 대한 내 안의 이미지가 조금 바뀌었다. 외관에 상관없이 뭐든 괜찮아 보이는 사람. 그러면서도 일은 만능으로 잘하는 사람이 되고 싶었다. 일이 들어오면 빨리 소화하고 자유롭게 연차 내고 떠나는 사람, 그런데도 돌아와서도 일이 밀리지 않는 사람 말이다. 야근은 안

하면서도 일은 완벽하게 소화하면서 시간에 쫓기지 않고, 시간을 조율하는 사람. 그렇다고 일만 하는 것은 아니고 동료들과 둥글둥글 커피 타임을 가지고도 무난히 관계를 유지하면서 일이 끝난 자리에는 깔끔하게 펜 하나만 무심코 올라와 있는 그런 모습을 그려봤다. 내 가치관이 변화하는 순간이었다.

사회를 나와서 익히는 업무는 학교에서는 배우지 않았던 것들뿐이었다. 실패해도 배우는 과정이려니 하는 부분들이 생겼다. 하지만 해보지 않은 일이라 업무를 익히려면 시행착오를 피할 수 없었다. 게다가 사회생활을 하면서 나도 모르게 과거의 트라우마가 드러났다. 상사가 소리치거나 누군가 짜증을 내면 약간 움츠러드는 거였다. 나는 자신을 드러내고, 내세우고, 주장하고 이런 점이 어렵게 느껴졌다. 그건 아직도 극복하고 있다. 일을 하면서도 내 주장을 하지 못할 때가 있다. 내 생각이 이러해서 이렇게 했다는 말을 못 해서 상사랑 오해가 생기기도 했다. 그는 내가 아무 의견 없이 그냥 남의 생각 듣고 일을 하는 줄로 오해했을 거였다. 사실은 나도 내 나름의 생각이 있고 내가 생각해서 도출한 결과대로 일을 한 건데, 의견에 강력한 어필이 없고 주장이 약하다 보니까 그냥 따라오는 애, 그냥 누가 시키면 시키는 대로 하는 애, 이런 식으로 이미지가 고정되어 나도 모르게 더 많이 위축되는 게 있었다. 그렇지만 오래 반복해 온 일은 누구나 그렇듯 한 번에 고치기가 어렵다. 그래도 점차 고쳐가려고 노력하고 있다.

내 첫 직장은 방문요양센터였다. 센터장과 내가 사무실에서 근무했고, 요양보호사님들은 계속 변동적으로 근무를 했다. 같이 일하는 센터장은 요양보호사들의 처우개선 목소리에 귀를 기울이는 사람이 아니었다. 매사에 본인의 실속만 따지기 바빴다. 센터 내부 직원이 2인 체제라서 거의 모든 업무는 내가 도맡아서 하는 상황이 되었다. 수급자가 많을수록 요양보호사들의 하루 동선은 길어졌다. 하지만 센터장은 요양보호사들이 멀리 외근을 가야 하더라도 이동시간에 대한 보수는 물론 교통비 한 번을 주지 않았다. 나 역시 일한 시간만큼만 최저임금을 받았다. 하지만 업무 강도는 셌다. 센터에서 일어나는 A부터 Z까지 내게 업무가 넘어왔다. 청구부터 민원까지 내가 했지만, 나는 시간제 근무자라서 제대로 된 월급조차 받을 수 없었다. 게다가 소속된 요양보호사들의 처우 역시 좋지 않았다. 요양보호사들의 불만이 여기저기서 터져 나왔다. 나는 퇴근 후 남는 시간에 도서관에 꾸준히 다니면서 결국 사회복지사 1급을 취득했다. 그랬더니 그제야 센터장은 나를 정직원으로 고용시켜 주었다. 하지만 정규직이 되었다고 해도 별반 다를 게 없는 나날이 이어졌다. 오히려 정직원이니 주말에 나오라고 하거나, 밥을 사라고 은근히 강요했다. 센터장은 내가 일이 많아서 초과근무를 해도 연장수당을 주기 어려워했다. 처음에는 나 또한 내가 일을 늦게 하는 것인지, 일이 정해진 시간에 할 수 없는 양인지 구분하기가 힘들었다. 나는 부당했지만, 선을 넘을 듯 말 듯한 이 애매함을 어떻게 표현해야 할지 몰라서 일단 열심히만 일했다. 그래서 나는 스트레스는 스트레스대로 받으면서도 생활고에 시달렸다. 사회생활은 내가 생각한 것보다 늘 앞서 있었다.

나는 지금도 내가 여전히 사회생활에 적응하는 중이라고 생각하지만, 여러 회사를 거쳐온 경험에 따라서 나름대로 사회생활을 잘하는 법에 대해서 고민한 내용을 정리하면 아래와 같다.

첫 번째로는 내 기분에 상관없이 매일 만나는 모두에게 웃으면서 인사하는 것이 중요하다. 당연히 웃는 얼굴에 침을 못 뱉기도 하고, 동시에 상대의 반응을 보면서 상대가 나에게 얼마나 호의적인가를 판가름해 볼 수 있다. 이때 호의적이다 싶거나 내가 개인적으로 친해지고 싶은 동료나 상사가 있다면 다음 단계로 넘어간다.

두 번째로는 부담이 크지 않은 작은 선물을 한다. 말 그대로 작은 간식거리, 커피 음료 등을 나누고 스몰토크를 하면서 친분을 쌓는다. 여러 회사를 거쳐보니 직장생활에서 일만 잘하는 것보다 인간관계가 좋으면 더 좋은 평가를 받을 수가 있었다. 활력은 물론 정보력도 생긴다.

세 번째로는 내게 힘든 사람이 생긴다면 의식적으로 그 사람을 멀리할 필요가 있다. 억지로 어울리려는 노력보다는 조금 거리를 두는 게 정신 건강에 이롭다. 휘둘리지 말고 내 할 일만 잘하면서 지내다 보면 시간이 지나서 해소되어 있거나, 아니면 주변에 의해 해결되기도 한다.

네 번째로는 모르는 업무가 있으면 시간을 끌지 말고 빨리 물어봐야 한다. 묻는 타이밍을 놓치면 상대는 내가 아는 줄 알고 그냥 넘긴다. 그러면 결국은 나만 손해다. 또한 여기서 주의할 점은 물어볼 대상을 잘 설정하는 것이다. 단순히 친하고 상냥한 사람이 아니라, 그 업무를 해봤고, 그래서 내용을 잘 알고 있을 만한 사람에게 물어야 한다. 그런 사람을 찾으려면 초반에 다양한 사람에게 업무를 물어봐야 한다. 그래서 피드백이 정확하고 나한테 잘 맞는 사람을 찾아야 한다. 그래야 업무에 있어서 불필요한 시간 낭비를 하지 않는다.

다섯 번째로 사회생활을 잘하려면 사무실 분위기를 잘 살펴야 하고 관찰을 먼저 한 이후에 행동해야 한다. 개인의 주관이 강하다고 무조건 밀어붙이는 건 사회성이 없는 행동으로 보이게 될 수 있다. 그러니 사무실의 분위기를 잘 읽어야 튀는 행동을 방지할 수 있고 불필요한 평가 대상이 되지 않을 수 있다.

여섯 번째로 남의 말을 하지 않아야 한다. 그러면서도 적당히 어울려야 한다. 또한 내 이야기도 많이 할 수는 없다. 나는 아직도 내 얘기를 어디까지 오픈해야 할까, 하는 부분이 좀 어렵다. 왜냐하면 오픈하면 그 얘기가 다 돌기 때문이다. 공적과 사적으로 이야기를 나누고 공적인 자리에서는 말실수를 하지 않도록 특히 조심해야 한다.

마지막으로 만약 업무를 하다가 실수했다면 빠른 인정과 사과가 답이다. 사람은 누구나 실수할 수 있다. 하지만 그 사람의 인격을 보여주는 것은 실수한 이후의 태도이다. 남 탓을 하거나 변명하기보다는 실수를 빠르게 인정하고, 사과를 하고, 이후에 어떻게 처리할 것인지 대안을 생각해서 말해보자. 그러면 회사에서 오히려 신뢰감을 주는 사람이 될 수 있다.

나의 사회 경험은 때로는 유익하기도 했고 무익하기도 했다. 분명한 건, 순간의 결정들이 다음 행로에 영향을 준다는 사실은 알게 됐다. 어떤 결정이 옳았는지, 그 결과가 어떤 의미였는지는 여전히 배워가는 중이다. 다만 그러한 시행착오 과정에서 배운 것들은 알게 모르게 내 삶의 태도와 행동에 스며들어 있었다. 사회인이 되어도 배움은 계속된다. 인생을 더 깊이 알아가게 되는 것이다.

3.

경영자로 산다는 것은

처음 방문요양센터를 차릴 때, 초기 자본 800만 원으로 시작했다. 신규 사업자 대출을 받았고, 사무실 인테리어에 관련된 공사나 배수, 전기 연결 등은 아빠가 손수 해줬다. 세무서에 가서 처음 내 명의로 된 사업자 등록증을 받았다. 경영자가 되어보니 내가 직장인 신분일 때는 보이지 않았던 고충들이 하나씩 드러났다. 내가 운영한 방문요양센터의 주요 업무는 4시간씩 요양보호사가 가정에 방문해서 어르신들을 케어하는 일이었다. 하지만 방문 시간이 달라지거나 보고가 누락이 되면 건강보험공단에 신고한 근무시간과 달라서 센터에 환수 금액이 발생활 수 있다. 요양보호사가 어르신을 돌본 시간에 따라 건강보험공단과 본인부담금으로 급여를 받는 방식이기 때문이다. 이런 모호함이 확실하게 통제되는 부분이 아니라서 관리가 어려웠다. 나는 처우를 개선하기 위해서 노력했으나 서로 원하는 처우가 달랐다. 요양보호사들이 갑자기 연차를 사용하게 되면 갑작스럽게 대체자를 찾는 것도 곤란한 문제였다. 게다가 사람끼리 하는 일이라서 이해관계는 미묘하고 복잡하게 얽혔다. 민원이 잦았고, 요양사 교체 요청이 들어왔지만, 사람은 쉽게 구해지지 않았다. 나는 사람 사이의 일이니, 개선될 수 있으리라고 생각해서 설득하는 쪽으로 힘을 들였다. 내가 경험이 많고 연륜이 있었다면 유연하게 요양보호사를 교체하면 될 간단한 일이었다. 하지만 그 당시에 나는 잘 대처하지 못했다. 그래서 삐그덕거리고, 마찰이 생기며, 잡음이 발생했다. 간혹 요양보호사와 어르신의 보호자 사이가 좋지 않을 때면 내가 중간에서 매우 난처하고 힘들었다. 센터는 기본적으로 수급자를 더 많이 유치해야만 운영이 가능한데 또 능력 있는 요양보호사를 잃을 수도 없었다. 안 그래도 요양보호사에게 가사 노동이나 허드렛일을 강요하는 무리한 수급자들이 있어서 요양보호사의 이탈이 잦은 실정이었다. 방문 시간 조율하는 부분에서도 쉽지 않았다. 예를 들어 보호자는 정해진 4시간을 쪼개서 오전 2시간, 오후 2시간 방문을 원했고, 그렇게 방문하려는 요양보호사는 없었기에 누구도 그런 집에는 가려고 하지 않았다. 근로자 측에서는 한 번만 출근하려 하지, 하루에 두 번 출근하고 싶지 않을 것이기 때문이다. 그래서 양쪽의 의견을 들어주고 합의점을 찾아서 조율하는 과정이 매우 어려웠다.

내가 비용을 더 손해 봐서 해결할 수 있는 것도 한계가 있었다.

더구나 방문요양센터를 운영하다 보니 사람 관리뿐 아니라 회계처리나 사업상 부대 비용처리 등 혼자 감당해야 할 일이 많았다. 그 외에도 정기적인 평가나 행정감독, 각종 서류 작성 등 행정업무가 많고, 평가 결과에 따라 센터 존폐가 좌우될 수도 있었다. 모든 자영업자가 모양만 다를 뿐 각기 다른 고충들이 있을 것이다. 안정적인 직장을 얻어 꾸준히 월급을 받는 일이 얼마나 소중한 일인지 알게 된 것이다. 사업은 충분한 준비와 계획을 하더라도 어려운 일이다. 사업을 차리려면 내가 회계도 잘 알아야 하고, 세무 지식도 있어야 하고 문서 관리 능력도 갖춰야 한다. 또한 매출에 직접적인 영향을 주는 책임도 내가 가지고 계약도 내가 따 와야 되는 부분도 있다. 모든 책임은 내 책임이었다. 나는 빚을 내서 요양보호사 월급을 준 적도 있다. 그렇게 점점 시간이 흐를수록 마이너스 생활이 되었다. 나는 힘에 부쳤지만 2년까지는 그래도 잘해보자고 의지로 운영해 본 후에야 결국 한계를 느꼈다. 그렇게 나는 3년 차에 폐업을 결심했다. 매몰 비용이 분명 있었지만, 앞으로 남은 날들이 더 창창하다는 생각으로 마음을 다잡았다.

하지만 폐업하면서는 누구보다 아빠한테 제일 미안한 마음이었다. 내가 창업하겠다고 말하니 아빠가 인건비 한 푼도 안 받고 센터를 차려주었는데 그 수고까지 날린 것 같아서였다. 사업을 하다가 빚진 돈은 갚으면 그만이었다. 그 시절엔 어차피 어려워서 빚으로 빚 갚고 그랬던 시절이었다. 그래서 당시에는 금전적인 손해를 보는 것보다는 내가 투자한 시간과 아빠가 투자한 시간이 가장 큰 손실이라고 생각했다. 헛된 일에 시간이 빼앗긴 기분이 들기도 했다. 그래도 세상에 의미 없는 일은 없다는 말로 나를 위로했다. 계속 마이너스가 나는데 계속 이어가는 것보다는 폐업을 결정하는 것도 큰 용기라며 나를 다독였다.

사업을 추천하지 않지만, 확실한 자원과 목표가 있다면 처음에는 크게 일을 벌이지 말고, 작게 시작해서 키워가는 것을 추천한다. 내가 마음속으로 자신이 있다 해도 힘든 게 사업이다. 만약 일반 직장생활을 하다가 좋은 사업 아이템이 있더라도 그 관련 분야에서 지긋하게 경력을 쌓은 후에 시작해야 한다. 추가로 도움이 되는 자격증이나 경험, 경쟁 업체에 대한 충분한 분석, 주변 인프라 등등을 확보하는 것이 중요하다. 인적 자원과 물적자원이 충분히 있다고 생각한 후에도 조심스럽게 차려야 하는 게 사업이다.

우리 집도 치킨집을 잠시나마 했었다. 쉽지 않은 일이었다. 발주, 재고관리, 매일매일 갈아야 하는 기름, 튀기는 과정에서 생기는 팔에 자잘한 화상흔까지가 부모님의 일상이었다. 게다가 치킨집도 배달 싸움이라서 아빠가 배달을 갔다 와서 12시에 문을 닫으면, 엄마는 앞에 치킨집 가게 아저씨는 새벽 4시에도 배달 나간다고 불안해해서 부부싸움이 나기도 했다. 그 외에도 우리 집은 치킨집, 중국집, 분식집, 옷집, 레스토랑 등등 다양한 사업에 도전했는데 결과적으로는 다 망했다. 사업이란 것은 하고자 하는 마음보다는 한걸음 떨어져서 이성적으로 준비하는 마음이 중요하다는 생각이 들었다. 성인이 된 내가 부모님의 사업을 말리기도 했지만, 부모님은 빨리 재개하고 싶었기에 계속 도전했다. 이번에는 된다, 이번에 또 열심히 해보자, 정신이었다. 그 과정에서 계속 우리 집의 빚은 커졌다.

그래서 나는 폐업의 경험을 단순한 실패라고 생각하지는 않았다. 그 시간 속에도 내가 살아가면서 배워야 할 무형의 가치들이 있었다. 예를 들면, 경영자로서 조율자의 역할은 어려웠지만 그러면서 동시에 배우기도 했다. 이후에 민원인을 차분히 대응할 수 있었던 것도 과거의 힘들었던 경험이 밑바탕이 되어서 가능했다. 그리고 나는 어린 시절에 사업을 해본 그 경험 자체로도 가치가 있었다고 생각한다. 왜냐하면 또래보다 비교적 젊은 나이에 운영자의 기쁨과 슬픔을 경험함으로써 월급과 직장의 소중함을 더욱 깨달았기 때문이다. 그래도 우리 가족들은 내가 하는 일에 있어서는 100% 믿음을 가지고 있는 편이다. 그래서 내가 창업하고 폐업했지만 고생했다고 격려해 주었다.

그렇게 나는 사업을 접고 다시 무일푼 백수가 되었다. 그동안의 시간이 하루는 허무하고, 하루는 애틋하고, 하루는 다가올 미래가 불투명해서 두려웠다. 그 당시에 나는 사회복지 공무원이 되고 싶었다. 하지만 빚이 늘어난 상태인 내가 현실적으로 공무원 공부만 할 수는 없었다. 그래도 일단은 국가직 지방직 할 것 없이 응시하면서 무작정 아침에 나가서 밤까지 공부하기를 반복했다. 공부만이 살길이라는 생각이 들었다. 내가 공무원 준비로 힘들어하고 있을 때 부모님이 나에게 준 삶의 지혜는 실패해도 괜찮은 삶이었다. 직장을 다니지 않을 때도 그렇고, 낙오자처럼 느껴졌던 무직 삶에 지친 나에게 아빠는 "나중에는 어차피 평생 일해야 한다."라면서 지금을 즐기라고 말해주었다.

아빠가 건네준 신뢰의 말은 실패 후 좌절의 시기를 지나던 내게 큰 자양분이 되어주었다. 실제로 내가 시험에 낙방하고 와도 머리를 쓰다듬으시며 "또 하면 되지. 다음엔 잘해보자."라고 용기를 주었다. 그래서 나는 용기를 냈다. 다른 건 몰라도 내가 그런 낙천적이고 도전적인 것들을 부모님에게 잘 물려받았다고 생각한다. 그래서 위기에 봉착할 때마다 실패해도 괜찮다, 다시 도전해 보자, 이런 유연한 마음으로 살아가고 있다는 생각도 들었다. 하나가 끝났다고 해서 전부 끝난 건 아니다. 새로운 시작이 열린 것이다. 나는 이제 다시 무궁한 가능성을 가지게 되었다.

4.

마스크 대란이 남긴 것

바이러스가 처음 국내에 퍼졌다고 했을 때는 단순히 지나갈 유행성 감기 정도로 생각했다. 하지만 코로나는 생명을 위협할 만큼 무섭고 전염이 빠른 바이러스였고, 아직 치료제나 예방 관련 약이 개발되기도 전이었다. 심각성을 느낀 사람들은 발 빠르게 대응하고 준비했다. 약국에서는 마스크, 감기약 관련 품귀 현상이 발생했고, 대형마트 편의점 등 마스크를 파는 곳이면 대기열이 길었지만, 모두가 마스크만 사려고 하는 소비자였기에 전체적으로 경제 상황은 얼어붙었다. 국가에서는 마스크 5부제로 수급 안정을 하려고 했지만, 그조차 한계가 있었다. 지자체 마스크 나눔 행사라도 발생하면 수많은 인파가 모여서 북새통을 이루던 그때는 바야흐로 코로나 시기였다. 코로나바이러스가 퍼지기 바로 직전에 나는 사회복지 공무원을 준비하고 있었다. 수험 기간이 지속되자 나는 아르바이트라도 해서 돈을 벌어야 하는 상황이었다. 마침 우연히 근처 동사무소에 계약 근무자를 구한다는 공고를 보게 되었고, 나는 서류와 면접을 거쳐서 동사무소 장애인 복지과에 근무하게 되었다. 많은 이들의 복지를 지원하면서 느끼는 뿌듯함도 있었지만, 안타까운 기억도 많았다.

난데없이 등장한 치명적인 바이러스에 모두가 예민해졌다. 그런 시기였기 때문에 나는 계약직으로 근무하는 동사무소에서 불우이웃에게 마스크를 지급하는 일을 맡게 되었다. 마스크 나눔 소식을 듣고 사람들이 몰려왔다. 비록 몇 장씩이지만 감사하면서 소중하게 받아 가는 사람이 있는가 하면, 그중에 몇몇 민원인들은 자신이 폐암 환자라면서 빼앗듯 마스크를 가져가거나, 쓰고 있는 거라도 더 내놓으라면서 다짜고짜 화를 냈다. 전화로 욕받이가 되는 것이 일과였다. 미리 사회복지 공무원의 생활을 경험해 보고 싶었는데 현실은 내 생각과 달라도 너무 달랐다. 복지과에 방문하는 사람들은 모두 우리에게 무언가 맡겨 둔 것처럼 '있는 것, 없는 것'까지 다 내놓으라는 식의 태도를 보였고, 동시에 근무자들에게 강한 반발심과 경계심이 있었다. 그 자리에서 사회복지 요원으로 근무하던 나는 그들에게 정당한 대응을 할 수 없다. 하루는 지급용 마스크가 떨어졌다고 하니, 내가 가진 것은 있을 것 아니냐고 손을 뻗어 내 책상을 어지럽혔다. 당황스럽고 속상한 마음에 내가 개인적으로 가지고 있던 새 마스크를 지급했다. 빨리 가버리길 바라서였다. 그런데 그 모습을 본 다른 직원분들이 왜 줬냐고 그런 사례를 만들지 말라면서 혼을 냈다. 민원인들은 복지 요구를 목표로 동사무소에 방문하는 것이기에 혜택을 못 받거나 복지 서비스를 덜 챙겨줄까 봐 인상을 쓰면서 전전긍긍하는 사람들이 많았다. 그런 절박한 마음도 이해는 되지만 창구 안쪽에 있는 사람도 누군가의 소중한 가족이고 사람이었다. 어디까지 서비스를 제공해야 하는지 늘 생각했다. 정답은 생각보다 간단했다. 공무원 법령에 적힌 범위까지였다. 딱 그 정도만 하면 되었다. 부합하지 않으면 아무리 호소하고 화를 내도 해줄 수 없는 영역이라는 점을 자세히 설명해야 했다. 그래도 민원은 계속 생겨났다. 한번은 일회용 파란색 마스크 단체 기부가 들어와서 열심히 포장해서 일정 개수만큼 지급한 적이 있었다. 한데 몇몇 사람이 그 일회용 마스크를 빨아서 쓰다가 파란 색소가 나왔다며 기초생활 수급자라서 무시하는 거냐, 이거 성분이 무엇인지, 해로운 성분은 아닌지 설명해보라면서 욕설이 섞인 클레임 전화를 걸어왔다. 그들은 김치를 지급받아도 고춧가루가 국산이냐 중국산이냐 왜 맛은 또 이러느냐 저러느냐 하고 화를 냈다. 당시에 나는 일하는 내내 억울했고, 집으로 돌아오면 한동안 다친 마음을 추슬러야 했다.

여러 민원인을 상대하면서 아이러니함을 느꼈다. 정작 복지가 필요한 분들은 신청을 안 하는 경우도 많았다. 우리나라의 복지 제도는 신청주의라서 보통은 직접 와서 서류를 써야 했다. 온라인 신청도 있지만, 인터넷에 무감한 노약자층에게는 현실적으로는 간단하지 않았다. 그리고 그 와중에 이런 사람도 있었다. 고급 외제 차 조수석에서 내려서 본인의 머리카락을 고의로 헝클더니 한부모 신청 수급을 하고, 다시 나가서 머리를 정갈하게 묶고 타고 온 외제 차를 타고 집으로 돌아갔다. 뭔가 제도를 이용한 느낌이 났었지만, 그 사람은 법적으로 기준에는 맞았으니까 더 추궁할 수는 없었다.

기준에만 맞고, 신청할 여력이 있으면 더 어려운 사람들보다 혜택을 더 받을 수 있었다. 법령에만 맞으면 사적인 영역을 파고들 권리는 누구에게도 없었다. 하지만 정작 복지가 필요한 사람들은 사는 게 지치고 힘드니까 술을 마시고 와서 행패 부리면서 "너희들 다 쓸모 없어. 반은 죽어버려." 이런 식으로 과격하게 도와달라는 표현을 한 적도 있었다. 그중 몇 명은 진정시키고 술을 마신 다음날 술 깨고 오라고 달래서 보낸 후 이후에 점잖을 때 급여 신청을 차분히 도와주었다. 그러면 전날과는 다른 사람처럼 수줍게 감사 인사를 하고 가기도 했다. 이런 사람들은 복지 접근방법 자체를 모르는 것 같았다. 그래서 안타까운 마음이 제일 컸다. 또 어떤 민원인이 찾아와 당신이 사회복지사면 여기에 앉아 있을 것이 아니라, 어려운 사람을 찾아 도와주러 나가야 하는 것 아니냐고 언성을 높였다.

비슷한 질타로 세금은 잘도 찾아서 징수하더니 돈 주는 것은 왜 모르면 못 받아먹냐는 불만과 원성이 섞인 민원도 많았다. 마음이 무거웠지만, 내가 당장 해결해 줄 수는 없어서 무력했다. 여러 모순 앞에서 나는 진정으로 이 일이 나에게 맞는지에 대한 고민이 들었다.

사회복지 공무원의 느낌을 조금이라도 미리 경험해 보고 싶어서 시작했던 일이었지만, 결과적으로는 사회복지 공무원이라는 꿈을 포기하게 되는 계기가 되었다. 나는 장애인 복지과 행정복지센터 일을 기존의 계약 기간인 1년만 딱 하고 더 이상 계약을 연장하지 않았다. 거기서는 계약을 더 연장하면 안 되냐면서 붙잡았지만, 나는 그곳에 더 머물고 싶지 않았다.

동사무소에서 민원 응대 능력이 단기에 향상된 것은 사실이었다. 하지만, 내가 정신적 육체적으로도 소진되는 것도 사실이었다. 동사무소 장애인 복지과에서 민원에 시달렸던 1년이란 시간은 나에게 두 가지 깨달음을 가져다줬다. 그중 한 가지는 민원인들을 대응하면서 향후 민원응대능력이 향상될 수도 있겠다는 점이었고, 다른 한 가지는 막연히 희망하던 사회복지 공무원에 대해서 재고해 볼 수 있는 계기가 되었다는 것이다. 내가 생각하는 것과 일과의 괴리도 있었지만, 그 일을 하고 싶은 본질적인 이유가 뭘까, 내가 그 일을 한다고 해서 얼마나 사회에 도움이 될 수 있을까 등 새로운 고민이 생겼다. 나는 이제 주저하거나 다음 공무원 시험일을 기다릴 필요가 없었다. 공무원이 되겠다는 꿈만으로 앞만 보고 달려온 나는 이제는 무엇을 해야 할까 막막함이 있었지만, 계속 막막한 상태를 지속할 수는 없었다.

내 생활은 복지과 계약직 급여에 맞춰져 있었다. 그러니 확실한 건 경제활동은 계속해야 한다는 것이었다. 나는 내가 하고 싶은 걸 탐색할 만한 여유가 없었다. 당장 취직을 알아봤다. 집에서 가만히 채용 공고만 살피고 있을 수는 없어서 적극적으로 고용노동부 산하 취업 지원 센터에 이력서를 내고 알선을 등록했다. 내가 일반 회사에 고용되기 위해서는 무엇보다 정보력이 중요하다고 생각했다.

5.

은행에서 생긴 일

 고용의뢰를 했던 직업알선 기관에서 면접 제의 연락이 왔다. 내 이력서를 본 은행에서 면접 기회를 줬고, 면접장에서 나를 좋게 봐줘서 다행히도 합격했다. 입사 초기에는 번듯한 건물로 출퇴근한다는 사실만으로 기분이 들뜨기도 했다. 남녀 할 것 없이 직원들은 모두 화려하고 세련된 차림새로 출근했다. 은행 전체에 잔잔한 클래식이 흐르고, 고급스러운 대리석 바닥에서는 분주한 구두 소리가 났다. 나에게도 더 꾸미고 다니라는 주변의 압박이 있었지만, 나는 내가 할 수 있는 최선으로 깔끔하고 수수하게만 입고 다녔다. 은행이라서 교육도 철저했다.

인터넷 뱅킹 업무를 하고, ATM^(키오스크)기기 화상채팅 상담도 했다. 한동안은 일에 적응하느라 바빴다. 나는 그때까지만 해도 일반 회사 계약직 생활에 대해서 잘 알지 못했다. 그저 일정한 소득이 생기는 안정적인 직장이라고 생각했다. 비록 계약직이었지만, 기간의 정해짐이 없었기 때문에 일을 열심히 하면서 정규직을 향해 조금씩 나아가면 된다고 단순하게 생각했다. 하지만 회사 내부에서 정규직 직원과 계약직 직원의 선명한 대비는 직원의 사기를 떨어뜨리기에 충분했다. 메신저 자체가 그렇게 나뉘어 있었다. 게다가 바쁜 곳이라 연차를 내기도 어려웠다. 추가 근무도 많았다. 어떤 날은 휴일 없이 12일간 연속 근무를 하기도 했다.

나는 은행에서 비대면 디지털 뱅크 업무에 배치되었다. 나의 주 업무는 비대면 영상통화로 신분을 인증해 주고 은행 업무 역시 비대면으로 해결할 수 있게끔 도왔다. 또한 고객들이 ATM기에서 영상통화를 걸면 내가 그 전화를 받았다. 처음에 디지털 뱅크 화면에 내가 나오면 ATM기기 앞에서 사람들은 연결하기를 눌러놓고 한참 당황했다.

"사람이야?"
"ATM기기 안에 있어요?"

하고 묻기도 하고, 진짜 사람인지 아니면 저장된 이미지인지 재차 확인하는 게 재밌기도 하고 한편으로는 그렇게 고객과 연결될 수 있다는 게 신기하기도 했다. 그러다 한번은 내 동생이 계좌 개설을 해서 화면에 동생의 얼굴이 보였다. 동생의 얼굴을 보자마자 웃음이 났지만, 업무니까 꾹 참았다. 화상으로 본인인증을 해주고 계좌 개설을 도와주었다. 뭔가 새롭고 재밌는 경험이었다.

하지만 어느 일이나 고충은 있을 것이다. 내가 맡은 디지털 뱅크 관련 그룹 화상 비대면 상담 특성상 팀워크를 발휘하는 일이 있었는데 여기서 문제가 많았다. 자기 이득만을 지나치게 챙기며 양보하지 않는 동료나, 팀의 흐름에 편승하는 동료의 태도에, 서로가 화장실 가는 시간을 잴 만큼 여유가 없고, 매사에 날이 서 있었다. 서로 누가 더 전화를 많이 받았네, 조금 받았네, 비교하고 질책하는 문제가 생기기 시작한 것이다. 비대면 상담팀 내에는 마음에 맞는 동료도 있었지만, 마음이 잘 맞는 동료만 있지는 않았다. 팀 근무일수록 서로를 배려하는 마음가짐이 가장 우선으로 필요했다. 왜냐하면 서로가 자신의 일정만 맞추려고 하고, 업무에 태만하면 팀워크가 제대로 이뤄지지 않아서 근무하기 힘들기 때문이다. 서로 일이 힘드니까 직원들 사이에 경계가 심해졌다. 그때 나는 스트레스로 살이 8킬로그램이나 빠졌다. 시간이 흘러도 업무 효능감은 나아지지 않았다. 누적되고 엉킨 이 스트레스는 어디서부터 풀어야 할지 알 수 없을 만큼 증식되었다. 나라는 사람도 점점 무채색으로 바래져 갔다. 과거부터 쌓여온 우울감이 그때 터졌다. 뭘 해도 재미가 없고, 의욕이 없었다. 누워서 멍을 때리거나 휴대전화를 보는 시간이 길어지고, 배달 음식을 먹기 시작했다.

또한 은행의 민원 응대는 또 다른 차원이었다. 개인의 행동이나 태도는 은행의 전체 이미지를 대변하기 때문에 모든 게 완벽해야 했다. 입행하면 은행에서는 신입직원들에게 두 달 정도 전화를 받는 업무만 가르쳤다. 그 이후에야 실제 전화를 받을 수가 있었다. 그래서 늘 긴장되었다. 게다가 조금이라도 실수하면, 고객과 내가 나눈 통화 녹취를 예시 삼아 피드백이라는 명목으로 지적하며 기를 죽였다. 처음에는 고맙다고 응수했지만, 계속 쌓이니 그게 압박이고 스트레스였다. 이렇게 하면서까지 다녀야 하는 것인가 싶은 생각이 들기 시작했다. 입맛이 뚝 떨어져서 살이 쭉쭉 빠졌다. 먹고 싶은 의지도 잘 생기지 않았다. 나는 버티다 못해 결국 영양실조로 쓰러져서 병원에 실려 간 적도 있다. 우리 팀은 한 명이 아프면 그대로 결원이 생겨 서로 연차도 조정해서 맞추거나 특별한 일이 아니면 쓰지 않기로 미리 합의해야 했고, 누구 하나 갑작스럽게 공백이 생기면 오전과 오후에 한 사람씩 전체 전화를 받아야 했다. 혼자 야근하면서까지 공백을 채워야 했다. 오전 조였던 동료가 신입 전화 교육을 가고, 내가 혼자 콜을 받았을 때는 언제 울릴지 모를 콜 때문에 화장실조차 제대로 갈 수 없었다. 그런 실정을 잘 알았다. 그렇게 아파도 참고 다니던 결과로 나는 끝내 쓰러지고 말았다. 은행은 건물 내부도 넓고 쾌적하고 겉으로 보기에 회사는 참 멋졌고 일도 참 화려했는데 나라는 사람과는 맞지 않는 일이었다. 내면에 깔려 있던 우울감도 서서히 살아났다. 하지만 그때까지도 나는 개선의 희망을 놓지 않았다. 나는 용기를 내서 우리 팀이 왜 기피 부서가 되었는지를 상세히 적고, 현재 팀 내 문제를 상부에 작성하여 보고했지만, 뭐가 힘드냐면서 특별한 조치가 취해지지 않고 시간만 흘렀다.

　　나와 비슷한 처지에 놓인 계약직 동료들은 자신들이 겪은 부당한 대우와 업무상 힘든 점을 말하는 대신 조용히 하나둘씩 퇴사를 선택했다. 그 와중에도 계약직과 정규직 차별은 여전했다. 당시에 일본인 동기가 있었는데 동기는 말했다. 일본은 계약직, 무기계약직, 정규직을 나누지 않는다고 했다. 그제야 계약직인 이유가 의문이 들었다. 이렇게까지 다르게 대우하는데도 정규직 직원과 업무는 비슷하거나 더 복잡한 일을 할 때도 많았다. 내가 관심을 가지고 더 찾아보니 유럽 주요 국가는 계약직에 대한 차별금지와 동등하게 대우하는 원칙을 법제화하였고, 위반 시에는 강력한 법적 규제가 적용되어, 고용 안정성을 보장한다. 또한 인도네시아에는 계약직을 임시적·계절적·특수업무에 한정해서 시킨다는 법이 있다. 만일 상시적이거나 지속적인 업무에는 계약직 사용 금지한다고 말이다. 나는 계약직이 있다면 희망 고문하면서 일을 이어갈 게 아니라 타국의 장점과 합리적인 방안을 벤치마킹해야 한다고 생각한다. 한데 우리나라는 취업률만 높인다는 명목하에 계약직 제도를 두게 되었고, 그 계약직 제도는 아무리 노력한다고 해도 정규직과의 임금, 승진, 보장 면에서 차별을 더 도드라지게 했다.

　　세상에는 다양한 형태의 근로자들이 존재한다. 자신의 환경상 어쩔 수 없이 계약직을 선택해야만 하는 사람도 너무나 많고, 회사 역시 효율적인 업무를 위해서 적절한 인원 배치가 필수일 것이다. 나 역시

이 세상에는 상황에 따라서 여러 업무 형태가 필요하다고 생각한다. 하지만, 이렇게 구분하는 업무상의 대의를 넘어서 그들 개개인의 존중을 해줄 수 있는 방식의 평준화가 필요할 것 같다. 직업의 형태는 선택의 영역이더라도 차별은 선택의 영역이 아니어야 하기 때문이다. 한국의 계약직 문제는 고질적이다. 한 개인이 바꿀 수 없을지도 모르지만, 점점 목소리가 높아지다 보면 계약직을 대하는 사회의 시선이 점점 달라지고, 계약직의 순기능이 빛을 발할 날이 올 것이다. 왜냐하면 사회를 이루는 것은 곧 개인이기 때문이다. 나는 고용도 직장생활도 불안정했지만 일단 뚜벅뚜벅 앞으로 걸어 나갔다. 내가 선택한 길이니까 다른 대안이 생기지 않는 이상 힘들어도 해야겠다고 생각했다. 그 당시에는 그게 맞다고 생각했다. 주변에 어려움을 토로하지 못하고 지쳐 잠드는 날이 점점 많아졌다. 문득 나를 위한 최선은 늘 내가 최악의 상태일 때 절실해진다는 것을 깨달았다.

6.

이대로는 안 되겠다는 마음

직업이 불안정하니, 자연스레 미래에 대한 불안감이 점점 커졌다. 은행 생활에서 역시 팀에서 관계가 틀어지고 서로 신경이 날이 서자 일 자체가 스트레스가 됐다. 은행에서 잘하려고 애쓸수록 마모되는 기분을 느끼고, 삶이 쳇바퀴에 갇힌 기분이 들었다. 안 그래도 삶의 이유도 없는데 왜 이렇게까지 고생하면서 살고 있냐는 마음이 들었다. 인사팀에 불편함을 호소한 지 한참이 지났지만, 결원의 자리를 충원해 주지도 않고, 문제 팀원이나 업무 시스템을 해결해 주지도 않았다. 비대면 업무가 생활화되자, 업무는 더 밀려들었다. 그렇게 일에, 사람에 치이다가 처음 10일 이상 연속으로 근무하였을 때 나는 표정도 없이 사원증을 거꾸로 매고 있었다. 업무 스트레스는 사방에서 조여와 풀리지 않는 실타래처럼 엉켜만 갔다. 나는 미래를 위한 선택은 무엇인지 진지한 고민에 빠졌다. 외부 사람들은 내가 정규직인지 아닌지 모를 것이다. 그냥 남들 눈에 번듯해 보이는 직장에서 무기계약직이 되어 은행을 계속 다닌다고 해도 아무도 속내를 모를 거였다. 하지만 나는 이곳에서 무기계약직으로 전환된다고 한들 지금의 생활이 무기 연장되는 것뿐이라는 생각이 들었다. 그 이상으로 더 성장할 가능성은 없었다. 이건 비단 이 은행만의 문제는 아니었다. 하지만 내가 이 은행에서 내 청춘을 전부 보내는 건 내 문제처럼 느껴졌다. 인생이 뭘까 하는 의문이 들면서 나는 한 번씩 자살 충동을 느꼈고, 더는 안 되겠다고 생각했다. 대안이 필요했다. 그전에 나는 이미 에너지를 소진해 버린 나를 먼저 돌봐야 했다. 한번 우울감에 매몰되니 수시로 극단적인 생각이 들었다. 은행 업무 때문만은 아니지만, 그동안 앞만 보고 달리느라 쌓여왔던 우울감이 더 이상 감출 수 없는 지경에 이른 것 같았다. 나는 근처에 정신 건강의학과를 가보기로 했다. (정신 건강에 대한 자세한 내용은 3장에서)

나는 정신 건강의학과 치료를 받으면서 내가 현실에 지칠 대로 지쳤다는 걸 깨달았다. 나는 무얼 잘할 수 있을까? 무슨 일을 하고 싶을까? 어떻게 사회에 공헌할 수 있을까? 나는 차분하게 현재 내 상황을 돌아보면서 오래 생각했다. 은행에서 업무를 하면서도 마음 한편에서는 직업적으로 안정감을 느끼고 싶다는 마음이 더 강렬해졌다. 정규직이 된다고 해서 앞으로의 나날을 보장해 주리란 확신은 없었다. 하지만 그래도 나는 계약직의 설움을 겪어봤기 때문에 정규직이 되고 싶었다. 소속감도 그렇고, 심리적 안정을 위해서도 그게 내 인생에 장기적으로 좋겠다고 생각했다. 물론 일반 기업에도 충분히 정규직이 있다는 건 알고 있었다. 하지만 나는 일반적인 기업에 대한 정보가 없었기 때문에 다른 분야의 기업에 취업해서 회사에 다니는 내 모습은 구체적으로 상상되지 않았다. 그리하여 나는 공기업에 가야겠다고 마음먹었다. 나는 공기업 입사를 준비하기 위해서 근처 서점에 들러 가장 유명하다는 NCS 책을 샀다. 과거 장애인 복지과에서 근무하면서 사회복지 공무원은 맞지 않다고 생각해서 공무원 쪽으로는 더 이상 생각하지 않았고, 일반 회사에는 정규직이 있겠지만, 내 경력이 이어지지 않는다고 여겼기에 공기업 쪽으로 확고하게 마음을 굳혔다. 이후 은행 내부 도서관을 이용해서 열심히 공부했다. 본점 은행에 걸맞게 내부 도서관은 지역 도서관에 뒤지지 않을 수천 권의 도서들과 공항 출국 라운지를 연상케 하는 신식 컨디션의 감성 좌석이 마련되어 있었다. 그때 시간 관리의 비결은 자투리 시간 활용이었다. 일이 끝나고 최소한의 동선으로 시간을 아껴서 이동하기 위해서 은행 바로 아래층 도서관을 활용하며 효율성을 높였다. 그렇게 일을 하면서 퇴근하면 공기업에 관한 공부하고 시험에 관련된 정보를 모았다. 내가 정신적으로 힘들 때는 진료를 받고 약 처방도 받으면서 현재 내게 중요한 일에 집중하려고 애썼다. 사회복지사 자격증 공부할 때처럼, 목차 하나씩 내 것으로 만들었다. 일과 학습을 병행해서 힘들었던 점은 시간이 늘 부족했고, 늦은 시간에 귀가해야 한다는 것뿐이었다. 하지만 공부를 하면 할수록 은행 퇴사에 가까워지는 느낌이 들어서 더 열의가 불타올랐다.

힘들 걸 알지만 일과 공부를 병행한 데는 이유가 있었다. 과거에 나는 취업 전과 창업 이후에 도서관에서 하루 종일 공부만 해봤다. 집중도 잘 되고, 무엇보다 시간을 직접 조율할 수 있다는 장점이 있었지만, 소득 불안정이라는 치명적인 단점이 있었다. 때문에 내가 공부하는 시간조차도 경력이 되면서, 생활비 부담이 줄어야지만 포기하지 않고 오래 할 수 있으리라는 생각이 들었다. 일도 지치는데 공부까지 하려니 체력적으로는 힘들었지만, 무리하지 않은 범위 내에서 공부하자고 가볍게 목표를 설정하고 그만큼씩만 했다. 내 상황에 맞는 계획과 균형이 핵심이었다. 나는 사회복지사 자격증도 방문요양센터에 다니며 취득한 경험이 있어 은행에 다니면서 공기업을 준비하는 게 무리는 아니라고 판단했다. 물론 방문요양센터에 다닐 때는 단시간 근로자였기 때문에 공부할 시간이 많았고, 정규 시간 모두 일하고 가끔 야근에 특근도 하는 은행은 여유시간이 적었지만, 직장을 관두고 공부할 형편이 되지 않으니, 내게는 온종일 공부만 할 수 있는 선택권이 없기도 했다.

내게 유리한 조건으로 취업하려면 내가 가진 걸 활용해야 했다. 내게는 방문요양센터를 다니면서 따놓은 사회복지사 1급 자격증이 있었다. 공기업도 공고를 살펴보면 자격 요건이 되는지 안 되는지 정보들이 상세하게 나온다. 공기업의 공고 내용 중에서 내가 자격증으로나 단기 경력으로나 조금은 우대 점수를 받을 수 있는 항목들이 있었다. 일반 회사는 유관 업무에 대한 경력을 많이 본다. 그래서 나는 과거의 경력이 하나로 이어지지 않는 내 이력으로는 일반 회사에 도전하기는 어렵다고 판단했다. 또한 사익보다는 공익에 가까운 일을 하고 싶었다. 공기업은 채용 및 인사, 승진 부분에서 객관적이고 동등하게 겨뤄볼 수 있을 것 같았다. 나는 단기간에 효율적으로 목표를 이뤄야 했다. 면접과 관련해서 소홀하지 않고 싶어서 면접 전문 유튜버의 영상도 전공서 파듯이 메모하면서 공부했다. 자려고 밤에 누우면 천장을 멍하니 보면서, 머릿속으로는 이미 공채에 합격하여 공기업에 다니는 내 모습을 그려보았다.

새로운 뭔가를 시도하려니 떨리기도 했지만, 그 떨림은 설렘에 가까운 것이었다.

7.

공기업 취업 분투기

은행에서 반복되는 업무를 끝내고, 퇴근 후엔 막차 다닐 시간까지 공기업 채용 공부를 시작했다. 공기업 지원 전략 및 블라인드 채용에 맞는 자기소개서 작성법을 익혔다. 그 외에도 가점을 얻기 위해서 국민내일 배움 카드를 발급받았고, HRD 홈페이지에 들어가서 그 직무에 관련된 (내가 필기를 치고자 하는 기관과 조금이라도 연관된) 강의를 모두 수강했다. 그리고 그 수강 이력을 공기업에 제출하는 이력서에 수료증을 잘 정리해서 첨부했다. 일과 공부를 병행하는 게 힘들기보다도, 그저 하루라도 빨리 합격해 은행을 벗어나고 싶었다. 은행에 다니는 동안 공기업 시험이 자주 있는 것이 아니었기에, 응시 가능한 공기업 시험은 모두 도전했다. 몇몇 군데에 이력서를 제출 후 면접 연락을 기다렸지만, '귀하의 능력은 출중하지만, 우리 회사와 맞지 않는다'는 내용의 정중한 거절 메일을 받기도 했다. 서류에서 광속 탈락한 곳도 있었고, 필기시험을 보러 가는 날 아파서 못 간 적도 있었다. 다양한 공기업 시험 앞에서 나는 점차 내게 맞는 옷을 찾아갔다. 사람은 다 자신에게 맞는 옷이 있다. 찾기 전에 포기할 뿐이다. 포기하지 않고 계속 찾다 보면 결국 자신에게 맞는 옷을 입을 수 있다. 나는 공기업 면접 때까지 긴장감을 놓지 않고, 최선을 다했다. 회사에서는 요즘 취업의 추세가 아무리 신입이라도 경력을 원하기 때문에 내가 겪은 모든 일들을 직무와 관련지어 어떤 경험을 했고, 어떻게 대처했는지 성실히 답했다. 최종적으로 나는 공기업에 합격했다. 내가 포기했다면 결코 얻을 수 없는 옷이었다. 그런데 막상 임용이 확정되고 나니 또 복잡한 마음이 들었다. 은행 일을 인수인계하면서 그래도 그간 애정을 가지고 일해왔던 나의 시간을 돌아보게 되었다. 나름 경제적으로 괜찮은 직장이라고도 생각하고 있었기도 했고, 근무했던 시간 동안에 긴장도 많이 했지만, 그만큼 까다롭고 복잡한 업무도 많이 익혔다. 하지만, 미래를 봤을 때 나의 발전을 가로막는다면 그것은 좋은 직장이 아니었다. 나는 그래도 더 애정을 가지고 인수인계를 꼼꼼히 해주었다. 다른 사람들은 합격 후 임용 대기까지 여행이나 여가를 보내면서 시간을 쓸 수도 있었지만, 나는 임용 3일 전까지 은행의 업무를 최대한 다 해주고 나왔다. 그래서 후회는 없다.

합격 이후에 계획대로 되었다는 것에 성취감을 느꼈다. 안정적인 틀 안쪽으로 들어갔을 때 느끼는 안정감이 있었다. 그리고 내가 지금까지 다닌 회사와 공기업의 다른 점이라면 연수원의 기간이 있다는 것이다. 연수원 경험도 내겐 좋은 기억이고 새로웠다. 기본적인 신입사원 교육을 받고, 법정 의무 및 윤리 교육을 받았다. 또한 팀 프로젝트 및 협업 훈련도 받았다. 그리고 그 교육의 일부로 〈풍선〉 노래를 개사해서 100명이 원 컷으로 영상을 찍는 임무가 주어졌다. 노래가 주는 푸르고 자유로운 이미지와 공단 이미지가 잘 어울린다고 생각했다. 추가로 연수원에서 아직은 서로 서먹한 사이인데 공동의 목표가 있으니, 대화도 많이 하면서 재밌게 할 수 있었다. 하지만 이 영상은 부분으로 찍고, 편집해서 붙이는 방식이 아니었다. 한 번에 NG 없이 잘해야 한다는 압박이 생겼다. 실수하지 않으려 정말 많이 뛰어다녔다. 그래도 100명의 마음이 다 같을 수는 없었다. 그렇게 스무 번에서 서른 번은 반복해서 홍보영상을 찍었다. 그것만 하루 종일 하느라 힘들었지만, 재미있고, 인상적이라서 기억에 남는다.

공기업에 임용된 후에 나는 뭐든 할 수 있겠다는 생각에 열심히 일했다. 과거에 여러 직장을 거쳐 왔지만, 임용되고 난 후에 나는 내가 과거의 어느 시점에 머물렀다면 지금의 이곳은 내 인생에 없었을 거란 생각을 하니 조금 아찔했다. 그간 고군분투하면서 힘들었던 기억들이 스쳐 지나갔다. 꿈에 그리던 공기업 임용 후에 얼마간 행복이 지속되었고, 그 행복을 지키기 위해 아직 잘 모르는 일도 적극적으로 도전했다.

공기업의 장점은 국가와 협업하여 공적인 업무를 한다는 업무 만족도도 있지만, 내가 해야 할 일이 비교적 명확하다는 점이었다. 내가 고용된 공단의 외관이나 시설이 은행처럼 세련되고 화려하지는 않았지만, 기본적인 정감이 있었다. 나는 이곳에서 오래 일을 해나갈 내 모습을 그려보았다. 그때는 그 모습을 상상하는 것만으로도 충분했다.

공기업을 준비하던 시기의 나는 정신적으로 육체적으로 힘들었지만, 하루하루 최선을 다했다. 내가 은행에 다니면서 계약직인 내 상황을 비관과 낙담만 하고, 내 인생을 바꿔보기로 다짐하지 않고 실천을 하지 않았다면 어땠을까. 그랬다면 아마 공기업 취업 분투기도 없었을 것이고, 분투기를 딛고 일어난 성장 역시 없었을 것이다. 지금 내가 속한 현실이 내게 주어진 현실이 아니라, 내가 주도해 얻어낸 현실이라는 사실이 참 감사했다. 일과 공부를 병행하는 일은 분명 쉽지 않았지만, 힘들다고 포기했다면 오래 후회했을 만큼 그 열매는 정말 달았다. 나는 한때 인생의 불확실성 때문에 불안한 나날을 보냈다. 하지만 내가 주체적으로 얻어낸 현실은 나에게 자기 효능감과 불확실성에 대한 내성을 생기게 도와주었다.

8.

공기업 적응기

나는 한 공공기관에서 보상 관련 업무를 맡고 있다. 이 업무는 해당 기관 내에서도 가장 까다롭고 민감한 일로 꼽힌다. 신입 시절, 인턴 티를 벗자마자 바로 그 일을 맡게 되었다.

보상 관련 부서의 업무는 우리 공단의 중요한 업무이며, 강력한 민원이 들어오는 업무에 해당해서 엄선된 사람만 이 부서에서 일한다는 느낌이 들었다. 그 사이에 신입으로 처음에 딱 들어갔을 때 곧바로 적응을 하기는 어려웠다. 나는 아무것도 모르는데 다들 손으로는 타자 치고 업무를 하면서 얼굴은 한 번씩 눈을 마주치면서 농담했다. 그때 나는 그들의 여유와 능숙함 자체에 압도되기도 했다. 다들 이상적인 직장인의 모습인데 나 혼자만 현실의 프레임에 씌워진 듯한 그런 느낌이 들었다. 나에게는 찾아보거나 물어서 해결해야 하는 미션이 매일 주어졌다. 거의 생존기에 가까웠다.

책임이 막중한 보상 업무를 하면서 나는 이전에 다른 사람이 해 놓은 파편과 같은 자료를 역으로 추적하면서 어떻게든 일을 잘 해내려고 노력했다. 과거 업무 자료들을 확인하는 시간 동안 일이 밀려서 내가 야근하게 되는 일이 많았다. 설상가상으로 빨리하라는 업무 압박이 들어오기도 했다. 신속하고 정확하게 해야 하는 업무 처리 과정 전부가 나한테는 모두 도전기이자 극복기였다.

하지만 나는 내가 거쳐온 수많은 직장 경험과 마음 훈련 덕분에, 어떤 반응이든 흔들리지 않고 묵묵히 일을 이어갈 수 있었다. 보상 업무는 정확성과 신속성이 동시에 요구되는 일이다. 어떤 건은 하루 만에 결정해야 하고, 어떤 건은 직장에 연락하거나 의사에게 묻거나, 법률적으로 문제가 없는지 자문도 얻어야 했다. 업무 속도가 생명처럼 요구되지만, 나는 꼼꼼함을 포기하지 않았다. 그 덕분에 일이 종종 밀렸고, 야근도 잦았다. 그래도 나는 다친 사람들의 권리가 가장 중요하다고 생각했다.

"내가 제일 친절하게 하자. 나중에 내가 밀린 건, 내가 좀 더 노력하면 된다."

이런 마음으로 나는 내 자리에서 묵묵하게 사람을 대하고, 서류를 들여다보고, 정확히 처리하려고 애썼다.

초기에는 야근도 많이 했고, 그 결과 휴가도 많이 쌓였다. 민간기업에서는 연차조차 쓰기 어려웠던 과거와 달리, 이곳은 휴가 사용이 자유로운 문화여서 심적으로는 오히려 편안함을 느꼈다. 휴가가 얼마큼 관대하냐면 예를 들어서 일을 하다가 갑작스럽게 일이 생겨서 휴가계를 올리면 사유를 불문하고 대부분 승인된다. 은행원 시절에는 한 달 전에 연차를 올려도 이유를 캐묻거나 주변의 눈치를 봐야 하거나, 최종 승인을 기다려야 했었다.

업무에 익숙해질 무렵, 어느 휴일이었다. 나는 예전 동사무소 복지과에서 적어둔 복지 사각지대에 대한 메모들을 꺼냈다. 과거에 장애인 복지과에서 했던 일들이 자연스럽게 떠올랐다. 그리고 연수 기간에 들은 강의에서도 공공과 지자체 그리고 민간 복지를 통합해서 볼 수 있는 체계적인 무언가가 필요하다고 강의를 들었는데 공감이 됐던 기억도 났다. 나는 평소에 존경하던 국회의원 몇 분께 복지 시스템 개선을 위한 제안 메일을 보냈다.

○○○ 의원님께,

안녕하세요, 저는 신정미라고 합니다. 저는 전업 사회복지사로 동사무소 복지과에서 근무한 경험이 있으며, 현재 공기업에서 보상 업무를 담당하고 있습니다. 사회복지 현장에서 일하며 느낀 문제에 대해 말씀드리고자 합니다.

현재 가장 큰 문제는 복지 제도의 접근성이 매우 낮다는 점입니다.

국민이 가장 많이 제기한 문제점:

- 한 민원인은 "사회복지사가 여기에 앉아 있을 게 아니라, 어려운 사람을 직접 찾아 도와야 하는 것 아니냐"는 말을 했습니다.
- 또 다른 민원인은 "세금은 적극적으로 걷으면서, 복지는 우리가 모르면 못 받는 구조가 말이 되느냐"라고 불만을 제기했습니다.

현재 우리나라의 복지제도는 '신청주의'로 운영되며,

- 공공·지자체·민간 복지의 기준과 신청 절차가 각각 다르고,
- 정보를 모르면 받을 수 없는 구조이기 때문에
- 가장 절실한 사람들이 정보 부족으로 인해 복지 혜택을 받지 못하고 있습니다.

이에 저는 복지 사각지대를 해소할 수 있는 법안 마련이 필요하다고 생각합니다.

1. 복지 서비스 통합 제공 시스템이 필요합니다.

현재 정부의 '복지로' 플랫폼에서 맞춤형 복지 검색 기능을 제공하고 있지만,

- 복수 선택 시 결괏값이 제한적으로 보입니다.
- 각 정책을 이해하려면 별도로 관련 지침을 다운로드해서 읽어야 하는 불편함이 있습니다.

개선 제안:

공공·지자체·민간 복지를 하나의 통합 시스템으로 연계하면 좋겠습니다.
국민이 소득·부채 수준 등을 국가에 동의하에 제공하면, 자동으로 지급이 되는 복지를 안내하고 신청을 연계하는 시스템이 구축되어야 합니다.
복지 신청 절차 간소화 및 원스톱 서비스 제공이 필요합니다.

2. 장애인 복지 접근성을 강화해야 합니다.

현재 장애인 복지는 등록장애인과 비등록장애인으로 나뉘어 있지만,

- 비등록장애인 상당수가 장애 등록 기준과 절차를 몰라서 혜택을 받지 못하고 있습니다.
- 그 결과, 장애가 있음에도 일반인과 동일한 경쟁 환경에서 살아가야 하는 어려움을 겪고 있습니다.

개선 제안:

장애인 등록 절차 간소화 및 객관적인 공적 시스템 마련이 시급합니다.
실질적으로 지원이 필요한 사람들이 누락되지 않도록 복지 시스템의 개선이 필요합니다.

3. 해외 사례: 덴마크의 디지털 복지 시스템

북유럽 국가들은 복지 자동 안내 시스템을 통해 복지 사각지대를 해소하고 있습니다.

덴마크 - 디지털 허브(Digital Hub Denmark)

- 덴마크는 공공 부문의 사회보장 데이터를 통합하여 국민 개개인에게 맞춤형 복지 서비스를 자동으로 안내하고 있습니다.
- 국민이 별도로 신청하지 않아도 해당되는 복지 서비스가 있으면 국가가 자동으로 안내하고 신청을 유도하는 시스템입니다.
- 이러한 제도로 인해 정보 부족으로 복지 혜택을 놓치는 일이 줄어들었으며, 행정 효율성도 크게 향상되었습니다.

우리나라에서도 덴마크처럼 공공·지자체·민간 복지를 연계하고, 디지털 시스템을 도입하여 복지 서비스를 자동 안내하는 시스템을 마련하면, 복지 사각지대를 크게 줄일 수 있다고 생각합니다.

4. 의원님의 관심과 법안 발의를 요청드립니다.

요청 사항:복지 사각지대 해소를 위한 통합 복지정책 법안 발의 검토 요청

바쁘시겠지만, 의원님의 검토를 간곡히 부탁드립니다.

비록 열심히 작성해서 보낸 메일에 아무도 답장하지 않았지만, 내 목소리가 작은 울림이라도 되었기를 바란다.

내가 하는 보상 관련 업무는 분명 힘들지만, 그만큼 보람도 크다. 재해를 입은 분들이 "감사합니다. 덕분에 치료 잘 끝났어요."라고 연락을 주실 때, 나는 내가 그 고단함을 견딘 이유를 알 수 있었다. 과거에 다양한 일을 경험하고, 힘든 시간을 견뎌낸 내가 있기에, 나는 지금 이 자리에서 조금 더 따뜻하게, 조금 더 단단하게 사람을 대할 수 있다. 그게 내가 이 일을 계속하고 싶은 이유다.

3장

마음 극복기

1.

내가 이상하다고 느낀 날

형식적인 모임에 참석해 시간만 채우고 오는 날의 연속인 것처럼 알맹이는 없고 빈 껍데기로만 사는 기분이 들었던 시기가 있었다. 은행에 다닐 때 나는 출퇴근만 반복되는 삶에서 무기력감과 허무함을 느꼈다. 하루는 출근하는데 진짜 살고 싶지 않다는 생각이 들었다. 지속되는 우울감으로 인생에 아무런 흥미가 생기지 않았다. 평소에 스트레스 풀이용으로 재밌게 하던 온라인게임도 싫어졌다. 우울감은 걷잡을 수 없이 커졌다. 내가 왜 살고 있나, 무엇을 위해 나는 존재하나 하는 원초적인 질문부터 꼬리를 물게 했다. 숭고한 삶의 의미나 목표, 가치 등 남들이 좋다고 하는 말들은 다 아무것도 필요 없이 느껴졌다. 그렇게 생각은 중력을 이기지 못한 채, 자꾸만 '살고 싶지 않다'는 결론에 도달했다. 당장 소중하고 중요한 것이 아무것도 없다고 느껴졌기 때문이다. 나는 학부 시절에 미술 심리치료 학문을 복수전공으로 다룬 사람으로서 정신과 치료에 대해서 거부감 없었다. 내가 힘들어해도 주변에서 누군가가 먼저 병원에 가보라고 말하지 않았다. 오히려 내가 스스로 치료를 받아야겠다는 필요성을 느꼈다. 가족들 각자의 사정으로 집에 들어오지 않았기 때문에 자취는 아니지만 많은 날을 혼자 지냈고, 주변에 티를 내지 않았기 때문에 아무도 내가 얼마나 우울해하는지 알지 못했다. 아마도 주변 사람에게는 내가 이상하게 안 보였을 거였다. 겉으로는 웃는 인상이라서, 매일 밝아 보이니까 말이다. 그래서인지 내 내면을 제대로 아는 사람은 한 명도 없었다. 그래도 나는 마지막으로 살고자 병원에 갔다. 처음 병원에서 예약이 밀려 초진을 보려면 2주나 걸린다고 했다. 그래서 나는 2주는 더 살아보자고 다짐했다.

그때 터져 나온 우울은 한순간의 감정으로 생긴 게 아니었다. 어릴 적부터 깊은 우울감이 있었는데 그때는 심각성을 알지 못했다. 그러니 치료할 생각은 당연히 할 수 없었다. 그렇게 시작된 우울감은 아동기, 청소년기를 지나 성인이 될 때까지 쭉 이어져 왔다. 그러다가 은행 근무 당시 스트레스를 방치하고 이런 감정을 외면했더니 갑자기 터졌다. 은행에서 근무하면서 막중한 일에 지치고, 사람에 진이 빠졌다. 그러던 어느 날 죽고 싶다는 생각이 들어서야 나는 병원을 찾았다.

나에게 맞는 병원을 찾는 것도 일이었다. 시간 내서 갔는데 의료진과 맞지 않으면 오히려 더 스트레스만 가중되었다. 나는 지금의 병원에 세 번 만에 정착했다. 처음 병원에 가서 한 첫마디가 "죽고 싶다는 생각이 들어서 찾아왔습니다."였다. 당연히 이런 생각이 드는 게 정상적인 상황이 아니니까 죽기 전에 한번 가보자고 찾아간 거였다. 의사는 흠칫 놀라는 기색을 감추고 나의 과거부터 질문했다. 나는 기억을 거슬러 가면서 어떤 기억이 원인일까, 생각했다. 병원을 처음 갔을 때도 아직 많이 우울한 상태였다.

혼자 사는 사람은 심리적인 회복이 더딜 수밖에 없다. 하지만 누구도 만나고 싶지 않았다. 혼자서 그냥 배달 음식 시켜 먹고, 그냥 일하고 자는 이런 패턴을 반복했다. 나는 신체적인 허기가 아니라 정신적인 허기에 시달리고 있었던 상태여서 음식도 과하게 주문했다. 그러나 많이 먹는다고 해서 텅 빈 마음이 채워지지도 않았다. 어떤 음식이든 상관없이 허기를 채우려 했다. 그저 내 마음이 허해서 음식으로 채우고 있다는 걸 그때의 나는 알면서도 그랬다. 내 과거부터 이어져 온 우울감은 남자 친구도 해결해 줄 수 없는 문제였다. 장거리 연애기도 했고, 자주 만날 수 없으니 만날 때는 나 역시 좋은 모습만 보이려 애썼다. 또한 친구들에게도 연락을 하기가 조심스러웠다. 결국엔 친구도 해결해 줄 수 없었기 때문이다. 어디에 상담할 곳이 없고, 내가 나를 망치는 것 같으니, 그냥 내 문제라고, 나만의 문제라고 생각했다. 내가 기질적으로 그냥 우울한 거라서 계속 죄책감, 우울, 불안, 자존감 저하, 무기력, 대인관계 어려움 이런 게 있는가 보다 했다. 나를 책망하는 게 가장 빠르고 익숙했다. 모든 건 그냥 나 혼자만의 어려움이었다.

먼저 진료를 보면서는 어릴 때의 가정환경 생활환경 등 울면서 상담했던 기억이 난다. 걱정스러워하는 의사의 일주일 뒤에 보자는 말 한마디로 일주일씩 더 살아갔다. 의사는 한참 나의 이야기를 듣고 나를 살피더니 주의력 검사 및 각종 척도 검사를 해보자고 했다. 검사 결과 나는 성인 ADHD가 심한 상태였다. 나는 평생 내게 ADHD 기질이 있다는 것도 모르고 살았는데 지금 생각해 보면 과거에 잦은 지각, 집중을 못해서 졸리고 피곤한 것, 그리고 정리를 잘 못해서 방과 책상이 늘 물건이 어지럽고, 정돈되지 못해서 어수선했던 일들이 생각났다. 그래서 나는 매번 혼나고 자존감 저하 등의 증상은 더 강화되었다. 나는 어릴 때부터 머릿속이 어지럽고 이것저것 시도하고 이거 했다가 저거 했다가, 또 금방 다른 것을 하는 양상을 보였다. 일상적인 지각과 정리를 잘 못하는 이런 모습들이 내 게으름이고, 고질적인 문제라고만 생각했는데 ADHD의 일반적인 증상이었다. 나는 살고 싶은 마음에 마지막으로 찾아간 병원에서 나에 대해서 더 알게 되었다. 알아보니 성인 ADHD가 나쁘기만 한 건 아니라고 했다. 호기심이 많다는 장점도 있다고 했다. 내게는 여전히 그런 기질이 남아 있어서 하고 싶은 일이 많다. 십자수도 잘하고 싶고, 글도 좀 쓰고 싶고, 이모티콘도 그리고 일도 모두 동시에 잘 해내고 싶다. 그야말로 이거 했다가 저거 했다가 하는 진취적인 멀티플레이어로 진화한 것 같다.

당시에는 마음의 우울감이나 ADHD 등이 가져온 무기력으로 시간이 정체되었다. 급하게 뭔가를 하다가도 한 번 탁 방전돼 버리면 우울감에 깊이 매몰되고 그럴 때는 마음을 버티기가 힘들었다. 그래서 병원을 갔다. 그냥 빈 껍데기만 남은 것 같았다. 그냥 나는 사람이 아니라 껍데기다. 이건 껍데기다. 나는 내 껍데기를 끌고 회사에 간다. 그런데 그렇게 인정할수록 이 껍질에서 벗어나고 싶은 마음도 함께였다. 내가 속 빈 껍데기일 뿐이라는 생각은 하면 할수록 내 삶에 의미들이 사라지는 것 같았다. 내 초진 기록지에 보면 이렇게 적혀있다.

> 살아갈 가치가 없고, 그냥 숨만 붙어 있는 상태 같다.
> 남한테는 평범한 일상인데 그런 일상들이 나에게는 너무 힘들게만 느껴진다.
> 나는 아무런 감정도 없고 그냥 나 자신 자체가 껍데기로 느껴져서 내원했다.

나는 나의 상태와 마음에 대해서 적극적인 치료를 받으면서 안정되는 나를 발견했다. 너무 비싼 치료를 권하거나 나와 맞지 않다고 판단되면 병원을 바꾸었다. 나에게 맞는 병원을 찾을 때까지 계속 노력했다. 만일 극단적인 생각만 연이어 들던 상황에서 희망을 놓았다면 나는 나 자신을 해칠 우려가 있었다. 이건 단순한 일이 아니다. 마음의 병이라고 인지했으면 병원에 가서 적극적인 치료받는 게 가장 현명한 방법이라고 생각한다. 내가 다니는 병원 의사는 당연히 개인적인 노력도 병행되어야 한다고 했다. 우울할 때는 그냥 밖에 나가서 햇볕 쨍쨍한 곳에서 한 20분 30분 산책하고 들어오는 게 좋다. 마음을 나눌 상대가 있다면 대화를 하면 더 좋고, 산책 다음으로 추천하는 건 자신만을 위한 취미 활동이다.

치료의 가장 기본 단계는 바로 수용이다. 내가 내 상황을 인지한 것만으로도 치료의 희망이 생겼다. 나는 나에게 한 번 더 기회를 줬다. 믿는 구석이나 뾰족한 해결책이 있었던 건 아니었다. 그저 깊게 우울한 나였지만, 나를 살리는 내가 되고 싶은 마음. 그게 다였다.

2.

프레임의 굴레

주변을 의식해서 평소에 하지 않았던 행동이나, 걱정이 늘었다. 평상시에는 대체로 웃고 있어도 마음 한구석에서는 늘 불안한 마음이 불쑥불쑥 들었다. 불면이 지속되었고 업무를 하다가 조그만 실수를 해도 타인의 눈에 비친 내가 어떨지 걱정되기 일쑤였다. 내가 주눅이 들 때면 과거에 좋지 않았던 기억도 스멀스멀 올라왔다. 피로 누적과 의욕 상실은 삶의 의미에 대한 생각으로 끝없는 물음표가 이어졌다. 나 자신을 두고 무가치함과 과도한 자책감을 느꼈다. 극단적인 생각은 특정한 계기가 있던 게 아니라 여러 복합적인 우울감과 환경이 쌓여서 어느 날 풍선처럼 커진 것이다.

나는 어린 시절부터 가족들에게 칭찬을 제대로 들으면서 산 적이 없었다. 부모님도 칭찬하는 스타일이 아니었다. 초등학교 때는 가난하다는 이유로 반 아이들 모두에게 따돌림을 당했다. 어느덧 내 마음 깊은 곳에는 '나는 살아갈 가치가 없는 사람이다'라는 생각의 씨앗이 심어졌다. 학창 시절 나는 자존감도 낮았고 상당히 위축된 모습이었다. 마음 한구석에서는 '내가 이 세상에 살아갈 필요가 있을까?'를 자주 되뇌며 남몰래 삶의 이유를 찾아다녔다. 생각이 많다 보면 말로도 튀어나오기 마련이라, 어렸던 나는 '삶의 이유가 없다'는 말을 친구들한테 자주 했다. 친구들은 다들 수능 준비로 힘드니까 서로의 말을 대수롭지 않게 넘겼다. 어린 시절부터 쌓여온 무기력함과 우울이 몸과 마음을 잠식하고 있었던 것 같다. 나는 초등학교 때부터 성인이 될 때까지 늘 무기력했다. 그래서 가끔은 내가 어떤 사람인지조차 잘 모르겠을 때가 있었다. 너무 오랫동안 스스로를 잃어버린 채 살아왔기 때문이다.

나는 병원에 내원한 이후 가족들에게 그 사실을 알렸다. 약 처방을 받기 전, 가족 중 한 명은 내 이야기를 듣더니 "치료는 받아도 정신과 약은 먹지 마라."라고 말했다. 아마 '정신과 약'에 대한 편견을 그런 식으로 표현한 것 같다. 그 말을 들었을 때 나는 이상한 괴리감을 느꼈다. 얼마 후에 나는 한 유튜브 영상을 보고 그 이질적인 느낌이 무엇이었는지 확실하게 알게 되었다. 그것은 바로 사람들이 정신 질환을 이야기하면 색안경을 끼고 본다는 것이다. 감기나 무릎 통증처럼 일상적인 게 아니라고 본다. 그것은 표현만 봐도 알 수 있다. "정신과 약 먹냐?"는 물음은 의미심장하지만, 보통 내과에 다녀왔다고 해서 "내과 약 먹냐?"고 묻지 않는다. 나는 우울증과 의기소침함으로 힘겨워하던 시절 약물 치료를 받고 나서야 점차 괜찮아졌다. 자율신경계의 불균형도 완화되었고, 실질적으로 세상을 바라보는 마음가짐도 달라졌다. 상황에 따라 전문의와 충분히 상담한 후 자신의 상태에 맞게 복용하는 것이 오히려 지혜로운 선택일 수 있다.

물론 일부 사람들은 정신과 약이 부작용이 심하다고 말한다. 그래서 치료를 미루거나 복용을 꺼리기도 한다. 흔히 항우울제는 한번 먹으면 평생 먹어야 한다거나, 사람이 둔해진다거나 근거 없는 오해가 퍼져 있다. 항우울제에 대한 선입견은 실제보다 과장되는 경우가 많다. 하지만 사실은 뇌의 신경전달물질(세로토닌, 노르에피네프린, 도파민 등)의 불균형을 바로잡기 위한 약물이다. 부작용은 졸음, 변비, 메스꺼움, 식욕 및 성욕 변화 등 개인마다 다르고 그런 증상도 경미하게 나타나거나 시간이 흐르면 사라지는 것들이라고 전문의들은 말한다. 일시적으로 나타나는 경우는 간혹 있어도 치명적이거나 독성이 있지는 않다고 말이다. 혹시나 심하면 치료 약을 바꾸거나 용량을 조절하면 대처가 가능하다.

생각해 보면 정신과 약뿐 아니라 모든 약은 부작용이 있는데 다 치료라는 순기능이 있기에 감수하고 먹는 것 아니겠는가. 마음의 약도 다르지 않다.

나는 의학 전문가는 아니지만, 내 경험을 비춰 보면, 우울증 약 복용 후에 수면의 질이 개선됐다든지, 정서적인 안정이랄지 사람마다 효능이 다르겠지만 나에게 약효는 확실히 있었다. 그게 가장 신기했다. 보통 초기엔 2주~4주 이상부터 효과가 나타나고 사람과 증상에 따라서 꾸준히 복용할지에 대한 여부가 결정된다고 한다. 진료를 받고 약 처방을 받아 복용하면서 나는 불행하다는 생각 대신 '조금 더 해보자.' 하는 마음으로 긍정적인 생각을 가지려 노력했다.

물론 약을 하루 이틀 먹었다고 마법처럼 바뀌지는 않는다. 그러나 의사의 복용 지시대로 꾸준히 복용하다 보니 어느샌가 객관적이고 정상적인 나로 점차 변해갔다. 나도 모르는 사이에 죽고 싶지 않은 나, 삶의 의지가 있는 나로 바뀌어져 있었다. 수면 문제, 식욕 변화 등 신체적 증상도 많이 나아졌다.

또 한번은 업무 스트레스로 불안이 심해서 병원에서 불안증 약을 처방받았다. 약을 먹고 나서 회사인데도 긴장 하나 없이 너무 편안했다. 일상생활에서 대인관계 및 업무태도 개선을 넘어서 '평온' 그 자체가 된 것이다. 그래서 병원에 다시 내원했다. 의사에게 내 상태를 말하니까 의사는 불안증 약 종류를 바꾸고 용량도 조금 줄여서 처방해 줬다. 왜냐하면 회사는 조금의 긴장이 필요한 곳이니까 말이다. 이런 식으로 삶의 균형을 맞춰가는 과정에서 약물 치료가 나에게는 큰 도움이 되었다.

내가 나를 살리는 게 제일 중요하다. 나란 존재의 힘은 외부가 아닌 내면에서 비롯된다. 마음이 지칠 때 나를 외상을 입은 선수라고 생각해 보자. 경기에 제대로 뛰려면 제대로 된 치료를 받아야 한다는 사실은 누구나 잘 알 것이다. 그대로 뛰었다가는 더 심각한 부상으로 이어질 수도 있다. 마음의 문제도 마찬가지다. 마음의 외상을 방치하다가 오히려 상황이 악화될 수 있다면, 주저하지 말고 병원을 찾는 것이 현명하다.

우리는 나란 사람 하나만 알 수 있지만, 병원에는 수많은 임상과 유사한 실례를 다뤄온 전문의들이 있다. 그러니 그 전문성을 믿고 병원에 가는 것이다. 우울증 약도 종류에 따라 40여 가지가 넘는다. 사람마다 증상의 정도나 양상이 다르다. 체질이나 지병에 따라 항우울제와 상충하는 약물이 있을 수도 있다. 이런 이유로 스스로 판단하기보다 전문의의 조언을 받아 조율하는 것이 안전하다.

그러니 개인의 특수함과 진단은 전문의에게 맡기고 나는 나를 잘 회복하는 데만 신경을 쓰면 된다. 다른 사람들은 내가 아니기에, 내가 괜찮다고 말하면 정말 괜찮은 줄 안다. 하지만 나는 알지 않은가. 내가 지금 힘들고, 지치고, 아무리 사소한 어떤 도움이라도 간절히 필요하다는 것을.

나는 그렇게 몸과 마음을 회복시켜 다시 일어섰다. 다음 경기를 준비하는 선수처럼, 다시 인생이라는 경기에 출전할 준비를 하며 살아가고 있다.

3.

조금 더 일상이 된다면

원인을 알 수 없는 심리적 문제에 대하여 오래 미뤘다. 점점 심해지는 무기력이 삶 전체를 덮어버리는 듯했다. 평소에는 드러나지 않아서 나조차 잘 속이고 있다고 생각했지만, 그 증상이 일상에 영향을 미치는 정도가 심해졌다. 물론 처음 내원했던 병원이 완벽하게 나와 맞았던 건 아니다. 나에게 맞는 병원을 찾기까지 여러 번 병원을 탐색하고 옮기며 시행착오를 겪어야 했다. 내게 맞는 병원에 안착하고 나서 나는 나를 공부할 수밖에 없었다. 사실 기존에 나에 대한 인지와 수용을 어느 정도하고 있다고 생각했다. 하지만, 진료받고 치료하는 과정에서 낯선 나의 모습을 발견했다. 그 과정이 새롭고 또 이 시기의 나에게 꼭 필요하다는 생각이 들었다. 막상 병원에 다녀보니 '더 일찍 왔더라면 무기력에서 조금 더 빨리 벗어날 수 있었을 텐데' 하는 아쉬움이 들었다. 그렇게 어릴 때부터 쭉 이어오던 나의 단단한 우울은 치료를 일상과 병행하면서 한두 해가 지나니 서서히 옅어져 갔다. 그리고 그 자리에 삶의 감사와 만족이 조금씩 자리 잡기 시작했다.

요즘은 국내외 OTT 발달로 외국의 영화나 드라마를 쉽게 볼 수 있다. 해외 콘텐츠 속에서는 심리적인 안정을 위한 내원이나 치료가 일상적이고 흔하게 등장한다. 선진국에서는 사회적 낙인 없이 정신과 진료를 대한다. 회사 차원에서 지원해 주는 심리 안정 프로그램도 있고, 집단 상담할 수 있는 문화도 자리 잡고 있다.

하지만 여전히 우리 사회는 '정신건강의학과'라는 단어에 부정적인 프레임을 씌우곤 한다. 그러나 의미 부여 없이 정신건강의학과는 그냥 치료가 필요하면 가서 도움을 받아야 하는 곳이다. 누군가에게는 내과나 정형외과처럼, 당연히 찾아가 도움을 받아야 하는 공간이다. 정신건강 역시 일상적인 건강관리의 일부로 받아들여야 한다.

내가 다니는 병원에도 역시 다양한 직군의 사람들이 내원한다. 그들 중에는 각 분야의 전문가들도 많다. 결국 병원에 찾아 치료하는 이들은 자신을 돌볼 수 있는 사람들이라는 방증이다. 이들을 보며 오히려 이런 생각이 들었다. '이들은 자기 삶을 더 나은 방향으로 바꾸기 위해 노력하는 용기 있는 사람들이다.'

자신의 건강을 객관적으로 바라보고, 개선할 의지가 있을 때 비로소 진짜 회복이 시작된다. 그래도 긍정적인 것은 과거에 비해 정신건강의학과를 바라보는 사회적 시선이 조금씩 달라지고 있다. 부정적인 관점이 완전히 사라진 것은 아니지만, 예전보다 훨씬 많은 사람들이 치료의 필요성을 인식하고 있다. 머지않아 마음의 치료가 지금보다 훨씬 자연스러운 일이 될 것이다.

요즘은 연예인들도 방송에 출연해서 종종 자신의 심리적 어려움을 솔직하게 고백한다. 공황장애나, 우울증, 불안장애, 혹은 성인 ADHD를 겪고 있다고 말한다. 이처럼 심리 치료는 이제 현대인의 일상 속으로 스며들고 있다. 그럼에도 불구하고 여전히 정신적 어려움을 겪는 사람 중 다수가 진료를 망설인다. 이는 여전히 남아 있는 사회적 편견 때문일 것이다.

하지만 내 경험상, 스스로 적극적으로 치료에 임하면 분명히 나아질 수 있다. 지금은 정신건강의학과 진료 이력이 있다고 해서 취업에 불이익을 받는 고리타분한 시대는 아니다. 극히 제한적인 경우를 제외하면, 대부분의 직장에서는 그것을 문제삼지 않는다.

나도 공기업에 입사하기 전부터 병원에 다니고 있었지만, 결국 그 부분은 아무 문제 없이 취업했다. 물론 기업이나 직종의 특성에 따라 차이는 있겠지만, 일반적으로 현장직이거나 고위험성이 동반되는 업무가 아니라면 큰 제약은 없다. 보험 가입할 때 참고되는 부분은 있지만, 그것이 나 자신을 숨기거나 방치해야 할 이유는 되지 않는다.

정신건강 문제를 드러내는 것은 부끄러운 일이 아니다. 오히려 자신의 상태를 인식하고 회복하려는 용기가 진짜 강함이다. 우리 사회가 이제는 '인식 개선이 필요하다'는 말조차 필요 없을 만큼, 이미 자연스럽게 이해와 수용이 자리 잡은 세상으로 나아가길 바란다.

사회적 낙인보다 더 무서운 것은 바로 자기 낙인이다. 이 이야기를 쓰면서도 나는, 무엇보다 본인이 병원에 간다는 사실을 숨기거나 부끄러워하지 않았으면 좋겠다. 무기력하거나, 자신감이 없거나, 삶에 희망이 없다는 생각이 들 때는 주저하지 말고 정신건강의학과를 방문해 보길 바란다. 그 한 걸음이 삶을 바꾸는 시작이 될 수도 있다.

혹시 비용이 걱정되어 망설이는 사람도 있을 것이다. 하지만 정신건강의학과 진료는 생각보다 고액이 아니다. 일부 특수 검사를 제외하면, 진단을 받은 뒤에도 건강보험의 적용을 받아 급여 혜택을 받을 수 있다. 심리검사를 포함한 여러 항목이 보험 혜택에 해당하며, 약값 또한 대부분 감당 가능한 수준이다.

우리는 몸이 아프면 병원에 간다. 마찬가지로 마음이 아프면 정신건강의학과를 찾아야 한다. 지속적인 진료와 상담은 증상을 완화시키고, 무엇보다 스스로의 상태를 객관적으로 이해하게 만든다.

물론 병원 치료가 당장의 일자리나, 경제 상황을 바꾸어주지는 않는다. 하지만 내가 어떤 것 때문에 힘이 드는지 조금은 알게 되고, 자신의 상태에 대한 객관성 확보와 정신 체력을 길러주며, 우리가 사회에 나갔을 때 좀 더 자신을 무장할 힘을 준다.

그러니 주변의 시선이나 편견 때문에 병원에 가는 일을 망설이지 않았으면 한다. 정신건강 의학과를 찾는 것은 약한 사람이 아니라, 자신을 지키려는 용기를 낸 사람이다. 그러니 부끄러워할 이유는 없다.

지금 당장 해결되지 않는 문제를 혼자 짊어지지 말자. 어둠 속으로 침잠하는 것보다 나를 살리는 일이 최우선으로 중요한 과제다.

나는 오랫동안 어둠을 바라보고 있었다. 그리고 그 칠흑 같은 어둠이 인생의 전부라고 생각하던 시간도 있었다. 내가 고개를 들고 빛을 바라보지 않았던 시기였다. 빛은 내가 먼저 고개를 들고 눈을 떠야 바라볼 수 있었다. 누구의 권유도 없이 나는 스스로 병원에 가서 치료 받았고, 실제로 많은 부분 개선되고 있다. 나를 조금 더 밝은 쪽으로 옮겨두는 것은 나밖에 할 수 없는 일임을 알았으면 좋겠다.

빛은 원래 그 자리에 있었다. 내가 그쪽을 보지 않았을 뿐.

4.

내 마음을 터놓을 유일한 공간

사람과 사람의 대화 없이 생활은 존재하지 않는다.

– 알베르 카뮈

노벨 문학상 수상자이자 소설《이방인》[1]을 쓴 프랑스의 소설가 알베르 카뮈는 대화의 중요성을 강조했다. 사회생활을 하다 보면 어떤 대화는

---

1   알베르 카뮈,《이방인》, 민음사, 2019.

하고 싶지 않지만, 형식적으로 해야 하고, 어떤 대화는 하고 싶지만, 할 상황이 아닌 경우가 많은 것 같다. 어느 날 문득 나는 내 이야기를 들어줄 곳이 아무 곳에도 없다는 생각이 들었다. 휴대전화를 아무리 봐도, 그동안 같이 만나서 어울리고 맛집을 찾아다니던 친구들에게도 막상 연락하려면 망설여지는 날이 많았다. 나에게 기대를 하지 않고, 나에 대한 역사를 모르는 사람이 필요했다. 내게 아무런 선입견이나 편견 없이 나의 이야기를 들어줬으면 하는 순간이 이따금 찾아왔다. 나는 의외의 공간에서 위로받았다. 힘겨운 마음에 찾은 상담센터에서, 심리상담사에게 오히려 내 심정을 더 솔직하게 털어놓을 수 있었다. 심리상담사는 나에 대한 기초적인 정보나 판단 대신 임상 경험, 그리고 상담심리 이론과 근거를 바탕으로 내 이야기를 경청해 주었다. 그러는 사이에 나는 나도 모르는 무의식의 내 모습을 발견하게 되었다. 오랫동안 가까운 사람에게도 말할 수 없었던 초등학교 시절 가난 때문에 아이들로부터 소외당했던 상처와 부모님의 방관으로 채워지지 않았던 결핍들이 대화 중에 다시 실감이 나서 나도 모르게 눈물이 났다.

처음에는 과거의 나를 인정하지 않으려고 했다. 기특했던 나의 모습을 스스로 부정했다. 내 마음 어딘가에서 나는 보잘 것 없는 사람이다, 패배자다, 그런 생각이 종종 떠올랐다. 그래서 나 자신을 받아들이는 것을 어려워했다. 하지만 상담을 통해서 점차 나를 받아들이면서 내가 이런 열악한 환경에서도 나쁜 길로 빠지지 않고 이렇게 올바르게 행동했구나, 이런 상황에서도 좋은 행동을 하려고 애를 썼구나, 이게 내 모습이구나. 이렇게 한걸음 떨어져서 바라볼 수 있었다. 그래서 심리상담을 통해, 내가 어떤 사람인지, 얼마나 대단한 일들을 지나왔는지를 비로소 알게 되었다.

　심리치료를 통해 알게 된 사실은, 내가 생각보다 멋진 사람이었다는 것이다. 위축되고 자신감 없던 상황 속에서도 모든 걸 이겨내며 버텨왔기 때문이다. 심리치료사는 그것만으로도 대단한 거라고 했다. 또한 힘들어도 삶의 끈을 놓지 않았다는 것은 돌아보니 용기고 도전이었다. 그 어떤 상황에서도 나를 놓지 않기로 했다는 것 자체가 대단한 거였다. 나를 살리려고 내가 나를 데리고 병원에 간 점, 그리고 어려운 시절도 극복한 점, 나 혼자 알아서 대학에 간 점 등등 나는 내가 거쳐 온 삶의 궤적들이 그리 대단한 건지도 몰랐다.

　보통은 사업에 실패하면 그냥 그 자리에 주저앉아버리기도 한다. 하지만 나는 실패하면 실패한 대로 또 가방을 싸매고 도서관에 가서 다시 재도전을 꿈꾸었다. 그런 요소들이 모두 모여 나의 장점이 되었다. 일반 사람들이 보통으로도 하기 힘든 일을 우울감이 있음에도 불구하고 의외로 성취한 것들도 많았다.

　내가 기준이 높다는 것 역시 심리상담을 통해서 알았다. 나는 예의에 대한 기준이 높고, 나에 대한 기준과 상대방에 대한 기준이 높다. 그리고 나는 그 엄격한 기준에 부합하도록 행동하기 위해 애쓰는 사람이었다. 그런데 그러한 점을 전혀 인지하지 못하고 있었다. 나는 치료를 통해서 나에 대해서 점점 알게 되었다. 버텨왔던 과거의 나처럼 힘든 환경 속에서 여전히 버텨내고 있는 사람들에게 작은 희망이라도 전하고 싶은 마음에 책을 쓰려고 마음을 먹었다.

요새 뉴스에서 스스로 생을 마감하는 사람들에 관한 이야기가 많이 나온다. 특히 청소년이나 청년들의 비율이 높아지고 있다. 나는 이 문제를 상당히 심각하게 생각한다. 최근의 문제만이 아니다. 알려지지 않은 통계까지 합치면 그 비율은 더 높을 것이다. 한데 우리나라에서는 이 문제에 대해서 깊이 다루지 않는 느낌이 든다. 일각에선 사회로부터 소외된 청년의 고독사가 늘고 있다고 한다. 하지만 사회는 청년 개인의 의지를 문제 삼으면서 단순히 게으름, 나약함, 혹은 노력 부족으로만 치부하려는 경향이 있다. 이를 정책적으로 개선한다고 해도 사각지대에 놓인 청년 정책들이 많아서 실질적으로 닿는 비율은 적은 편이다. 청년을 위한 정책을 실현하겠다는 사람은 있는데, 여전히 고질적인 원인에는 접근하지 못하고 있다. 그나마 희망적인 건 청년들의 마음 건강과 치료에 대한 대중의 인식이 점차 개선되고 있으며, 그런 이유로 대외적으로라도 실질적인 지원 역시 간간이 진행되고 있다는 점이다. 하지만 극히 일부만 정책의 범주 내에 들며, 스스로 알아내서 신청해야만 받을 수 있다. 그러니 청년 마음 건강에 진심으로 관심이 있다면 지원예산과 대상, 그리고 홍보를 더 늘려야 한다고 생각한다. 외국처럼 우리나라도 허들 없이 자연스럽게 상담하고 자신의 마음을 건강하게 돌보는 문화가 필요하다.

심리상담 전과 후의 나는 많이 달라졌다. 상담하기 전에는 못할 것 같은 일이 상담을 하고 나면 할 수 있을 것 같은 기분이 든다. 예전의 나 같으면 책을 쓴다는 것은 상상치 못할 일이다. 하지만 나는 용기를 내서 나를 통해 누군가는 힘과 도움을 얻길 바라는 마음으로 한 글자씩 채우고 있다. 오히려 그 덕분에 내 일상이 점점 활력으로 변하고 있다.

요즘에 나는 심리 상담을 가면 실질적인 문제들, 현실적인 개선 방안에 관한 이야기를 나눈다. 예를 들어 최근에는 갈등 상황에서 나를 어떻게 지켜야 할지를 상담받는 중이다. 만약에 내가 진지한 질문을 했는데 상대방이 내용에 집중하지 않고 대화와 상관이 없는 다른 농담을 하면 "에이 재미없어. 그만해."라거나 "또 시작이네. 어휴." 이런 식으로 반응하지 않는 것이 중요하다. 그럴 때는 잠시 가만히 침묵을 지킨 후에 "나는 이 사안에 대해서 이렇게 생각해서, 나도 나름대로 내 의견 전달/질문을 했는데 당신이 그렇게 대답을 하니까 내 말이 별 의미 없이 들리는 것 같아서 속상한 기분이 들어."라고 진지하게 말해보는 것이다. 이렇게 '나 전달법(I-message)'으로 내 생각을 표현하면 듣는 사람의 가슴에 남는다고 한다. 나 전달법은 자신의 감정과 생각, 요구를 솔직하게 표현하면서도 상대방을 비난하거나 공격하지 않고, 효과적이고 건강한 의사소통을 가능하게 하는 대화법으로 인간관계 심리학에서 많이 권하는 대화법이다. 그 대화법을 접하고 나서, 책을 쓸 때도 독자와 대화한다는 마음으로 진심을 담아야만 독자의 마음에 닿을 수 있겠다는 생각이 들었다. 그만큼 글쓰기에 더욱 진지해졌다. 나 전달법은 어디에서나 응용하여 쓸 수 있다. 직장에서 사회에서 가까운 대인관계에서 모두 통용된다. 하지만 막상 적용해 보면 정말 쉽지 않다는 걸 깨닫게 된다. 남을 평가하지 않고 내 생각을 말하는 건 어려운 일이지만 우리는 관계 유지를 위해 노력해야 한다. 조금만 신경 써서 답하면 느리더라도 결국은 할 수 있는 대화의 태도이기 때문이다. 내가 진심을 담아서 말하고 책을 쓰면 듣고 읽는 사람과 결국 통할 수 있다니 더 노력하고 싶어진다.

여전히 현대 사회는 문화적, 경제적, 정치적 이유로 개개인의 마음까지 들여다봐 줄 수가 없다. 사회의 시스템은 개인이 아닌 전체로 움직이기도 하고, 마음을 돌보는 사업이 대중화가 되지 않았고, 지역별로 전문가가 불균형하게 분포하는 등 다양한 이유가 있다. 하지만 나를 가장 잘 아는 나 한 사람 정도는 자신을 누구보다 잘 들여다볼 수 있지 않을까? 자신을 보는 눈이 부정적이라면 적극적으로 아무런 편견과 선입견 없는 대상과 이야기를 터보라고 권하고 싶다.

그렇게 하다 보면, 내가 미처 몰랐던 또 다른 기특한 나를 만나고, 놓아두었던 과거의 나와 화해하는 계기가 될지도 모른다.

5.

내가 나의 부모가 된다면

2014년에 개봉된 크리스토퍼 놀란 감독의 SF 영화〈인터스텔라〉는 누구나 한 번쯤 영화로 보았거나 적어도 들어보았을 것이다. 영화〈인터스텔라〉는 인류 멸망이 목전에 닥친 미래를 배경으로 한다. 대기가 황사로 뒤덮여 곡물도 재배되기 힘든 환경. 우주 비행사들은 광활한 우주를 여행하며 인류가 숨 쉬면서 살아갈 수 있는 다른 행성을 찾아 나선다. 영화는 쿠퍼의 가족 이야기에서 시작한다. 쿠퍼는 아이들의 미래를 위해서 아이들과 헤어져야 하는 선택의 기로 앞에 놓인다. 이 영화를 누군가는 인류애로 볼 수도 있겠지만, 나는 이 영화를 보면서 가족애를 다시금 느꼈다. 이 영화는 인간이 순순히 어둠으로 걸어가지 않겠노라는 의지가 느껴진다.

> 부모는 자식의 미래를 위해 유령 같은 존재가 된다.
> 부모가 되면 내 자식은 안전하게 지켜주고 싶은 마음이 확실해진다.
> 사랑은 시·공간을 초월하여 우리가 알 수 있는 유일한 것이다.
>
> -인터스텔라 대사 中-

나는 과거에 내 아동기를 생각할 때면 부모님이 왜 더 나은 환경을 만들어 주지 않았을까? 왜 다른 아이들은 부모의 관심 속에서 자라는데 우리는 방치되었을까? 하면서 돈을 버느라 우리 자매에게 신경 쓰지 못한 것들만 생각이 났었다. 고가의 학원은커녕 내가 공부할 책상도 없었기 때문에 그런 열악한 환경에서 겨우 성적을 유지하려 혼자 전전긍긍 애써야 했다. 그래서 어느 순간, 마음속으로 다짐했다. '내가 부모가 되면, 내 아이만큼은 학군이 좋은 동네에서 살게 하고, 늘 관심을 기울이며, 아이가 하고 싶은 공부를 충분히 지원해 주자'는 바람이었다. 그리고 아이 앞에서만큼은 큰 소리로 싸우는 모습을 보이지 않는 부모가 되겠다고 마음먹었다.

하지만 내가 사회인이 되고 직접 돈을 벌면서 사회 속 메커니즘을 알게 되니 점차 보이지 않았던 것들이 보였다. 생존. 그것이 제일 시급한 일이었다. 요즘은 부모님이 우리를 키우면서 얼마나 힘들었을지 조금은 이해가 된다. 영화 인터스텔라에서 아빠가 딸 머피에게 자신을 붙잡아 달라고 책으로 신호를 보내는 장면을 보면 매번 볼 때마다 눈물이 난다. 또한 〈가필드 더 무비〉라는 애니메이션 영화에서도 아빠 고양이 빅이 어린 고양이 가필드에게 해줄 수 있는 거라고는 안락한 집에서 지내는 가필드를 멀리서 지켜보는 것뿐일 때, 데려가면 길고양이가 될 것을 잘 알기 때문인 현실에 그리움을 혼자 삭혀야 했던 나무의 흔적을 볼 때, 부모의 마음이 전해져 또 눈물 버튼이 되었다. 어쩌면 우리 부모님도 겉으로 표현하지 못했을 뿐, 함께하지 못한 것에 대한 아쉬움이 컸을지도 모른다. 하지만 나는 그때 그런 부모님의 속내까지 알기엔 어렸다. 그리고 지금 생각해 봐도 서운한 부분은 여전히 서운하다. 그러니 진료를 보거나, 상담할 때면 자연스럽게 과거의 힘든 이야기가 나오고 만다. 이렇듯 나 역시 부모님을 향한 완전한 수용과 이해는 어렵다. 나는 그들이 아니기 때문이다.

 내가 부모를 바꿀 수도, 과거의 나를 바꿀 수도 없지만 내가 부모가 된 마음으로 나를 대해줄 수는 있다. 그래서 나는 내면 아이와 대화하듯이 내 안의 내면 부모를 만들어보는 걸 추천하고 싶다. 내 자식 바라보듯이 나를 바라보고, 돌보고, 챙기고, 좋은 음식 먹이고, 편안하고 안전한 곳에 두는 것부터 실천해 봤으면 좋겠다. 나만 아는 이기주의자가 되라는 말이 아니다. 내가 마음으로 힘들 때 다른 사람은 몰라도 나 자신만큼은 나를 비난하거나 몰아치지는 말라는 뜻이다. 남에게 상처가 될까 봐 삼가는 말이라면 나에게도 조심하고, 남에게 베풀던 배려와 친절을 이제는 나 자신에게도 베풀어야 한다.

처음부터 자기 돌봄에 완벽하기란 어렵겠지만, 조금씩 나를 이해하고, 내가 좋아하는 것들로 에너지와 사랑을 공급해 주자. 자신을 행복하게 만드는 일이야말로 마음 회복의 출발점이 될 수 있다. 누구나 마음속에 슬픔이 있기에 우울감을 경험한다. 그 우울감이 장기적으로 지속되거나 다른 증상들과 동반되었을 때 우리는 우울증이란 진단을 받는다. 우울감이 내가 갖지 못한 것이나 과거에 대한 우울감이라면 정말 끝도 없이 본인을 괴롭히는 것이나 다름이 없다. 자책, 후회, 자학과 비난의 늪에 빠지는 건 너무도 쉽다. 하지만 그런 상황에서도 자신을 다독여 일으키고, 다시 희망으로 극복하는 것은 많은 양의 노력이 들어 힘들다. 그러니 더욱 가치 있는 일이 되는 것이다.

나도 계속 해결해 가는 중이다. 부정적인 패턴과 오랫동안 자리잡은 어두운 무의식을 한 번에 바꿀 수는 없다. 우리가 마음이 아플 때 외부적인 행동이나 증상으로 드러나듯이, 의식적으로 외부적인 요인을 긍정적이고 희망적인 곳에 방향을 두면 조금씩 내면도 치유되는 부분이 생길 것이다. 이에 과학적인 근거도 있다. 부모의 역할을 스스로에게 해줌으로써, 신경가소성에 따라 전전두엽의 두께가 증가하고, 애착 재구성 이론에 따르면 옥시토신과 세로토닌 같은 긍정적 호르몬의 분비도 촉진된다. 무엇보다 전체의 과정에서 스트레스 호르몬인 코티

줄 수치가 30%나 감소한다는 연구 결과도 있다. 이를 위한 현실적인 방법으로 칭찬 일기나 감사 일기가 있다. 매일매일 내 하루의 루틴을 체크하고 잘했다면 스스로에게 칭찬을 아끼지 말아야 한다.

마치 우리가 어린아이를 칭찬해 주듯 자신이 어떤 것을, 어떻게 잘 해냈는지 구체적으로 말하고 적어보는 것이 중요하다. 우리가 겪은 아동기의 부정적 경험은 성인이 되어 잊으려고 해도 좀처럼 잊히지 않는다. 왜냐면 그 트라우마는 복잡하고 입체적이며, 사람마다 다른 모양새를 하고 있기 때문이다. 그러니 나의 내면 아이가 진짜로 안정 애착이 재형성될 때까지는 이러한 노력을 병행하여 나 자신을 내가 원하는 부모로 만들어서 직접 치료해 주는 것이다.

자라며 느낀 결핍을 내면의 아이에게 채워주는 과정을 통해, 나는 객관성을 확보하고 이성과 감성 모두에서 더욱 건강하고 단단한 내공을 키울 수 있었다. 나는 요즘 내 목소리에 귀를 기울이는 사람이 되려고 노력한다. 사람은 자신이 통제할 수 없는 상황에서 판단력을 잃거나 휘둘린다고 한다. 취약한 상태이기 때문이다. 하지만 가만히 그것을 대면하는 것만으로도 몸집을 불리는 불안의 크기를 줄이고 정서적인 안정을 기대할 수도 있다. 특히 내면 부모 역할치료는 자존감 회복은 물론 정서적 공백을 채우는 데에 효과적이다. 상처받은 어린아이와 성인이 된 현실의 자아가 대화하면서 감정은 재평가되고, 주도적으로 자신을 통제하고 공감하는 긍정 루프를 형성할 수 있게 된다. 나 역시 오래 걸리더라도 나를 치료하기로 결심했기 때문에 실천 중이다.

살아가다 보면 마음이 다쳤다고 느끼는 날, 마음이 허전하다고 느끼는 날이 반드시 생길 것이다. 어느 날이든 그런 힘든 날에도 내가 나의 가장 친한 친구이자 부모이자, 단짝이 되어주면 어떨까?

"우리의 인생은 우리가 노력한 만큼 가치가 있다."라고 말한 프랑스의 소설가 모리악의 말을 떠올리면서 오늘 당장 자신만을 위한 돌봄이 시작되면 좋겠다. 그래서 부디 내면 아이의 미소를 발견하기를 바란다.

6.

나를 알아야 세상을 이해한다

인간의 내면과 운명, 자기 인식에 관해 깊이 탐구한 소포클레스[2]는 "자아를 알면 세상을 이해할 수 있다."라는 명언을 남겼다. 많은 심리학 도서에서도 자기 인식은 삶의 만족도를 향상하게 하고, 의사결정을 강화한다고 알려져 있다. 나는 여러 심리 검사를 받기 전까지, 스스로 나 자신을 잘 안다고 착각했다. 그러나 그것이 얼마나 주관적인 판단이었는지 곧 깨달았다. 나는 병원에서 진료받으며 자가 척도 질문지 및 주

---

2 기원전 5세기의 그리스 대표 시인

의력 검사, MMPI(다면적 인성 검사), ADHD 판정 등 여러 검사를 했다. 이러한 검사를 하면서 내가 몰랐던 방식의 다양한 검사가 있다는 것과 나 자신은 모르고 살았던 나의 심리 상태 및 성향을 함께 알게 되었다. 특히 심리상담에서 나는 상황이 평범한 사람도 나처럼 살았으면 힘들었을 텐데, 열악하고 우울을 앓고 있는 상태에도 불구하고 정신력으로 인생의 도전을 하나씩 깨며 씩씩하게 살아왔다는 것을 알았다. 나는 이 점을 객관적으로 상기할 수 있었다. 내가 그게 대단한 거냐고 되물었을 때 상담 선생님은 당연하다고 말해주었다. 나는 내 상황에만 속해 있었기 때문에 대단한 게 아니라 당연한 거라는 생각을 하면서 살았는데. 그 부분을 인정해준 것이 고마웠고, 나를 새롭게 알아가는 또 하나의 의미 있는 지표가 되었다.

응답의 일관성, 과장, 방어적 태도까지도 종합적으로 평가하면서 진행되는 MMPI-2(다면적 인성 검사)는 다른 검사들에 비해서 신뢰도가 높은 검사로 알려져 있다. 나는 이 검사에서 대부분 평균 범위에 속했지만, 사회적 내향성과 반사회적 행동에서 점수가 다소 높게 나왔다. 대인관계에서 소극적이고, 내향인이었다. 동시에 규범이나 권위에 쉽게 순응하지 않고, 스스로에게도 엄격한 기준을 요구하는 성향이 있었다. 따라서 사회적 상황이나 가족관계에서 불편함을 느낄 수 있고, 감정 조절이나 충동 조절에서 약간의 어려움이 있을 수 있다는 결과가 나왔다. MMPI-2 검사 역시 여러 검사 중 하나의 지표지만, 이 검사를 통한 결과를 내가 인지하고 있는 자체만으로도 나를 이해하는 데 도움이 되었다.

　사람마다 삶의 방향과 맥락이 다르기에 해석의 차이가 있을 것이다. 그리고 이 검사 결과는 확정된 진단이 아니라 현재 시점의 내 상태일 뿐이라고 했다. 그 말인즉 나는 여기서부터 더 성장할 수 있는 것이다. 그러면 검사 결과가 시간이 흐르면 계속 바뀌는 거 아닌가? 하고 생각할 수 있겠지만, 결국 지금의 결과가 시간이 지나 많이 달라지든, 조금 변하든 간에 모두 유의미하다고 생각한다. 나의 내향성, 불안, 충동성 등 주요 심리 지표를 바탕으로 자신에 대한 이해가 커졌다. 그리고 나의 심리적 특성을 어떻게 수용하고 조심할지를 판단하는 데 좋은 기준과 지표가 되어주었다.

　이후에 나는 심리치료를 받게 되면서 대면 상담, 심리 도식 분석 등등을 여러 추가 검사를 진행하고 그 과정에서 내가 덮어두고 싶었던 과거의 상처를 만나는 경험을 했다. 과거의 나를 바라보는 시각도 달라졌다. 도구가 많이 필요하지도 않다. 먼저 과거의 나를 바라보는 쉬운 이름을 지었다. 나는 내면 아이에게 '김성실'이라는 이름을 붙였다. 과거의 나를 떠올리게 하면서도, 부르기 쉬워 자연스럽게 이입이 되었기 때문이다. 방법은 간단했다. 앞에 투명 인간이 있다고 가정하고 타인에게 말하듯 내 안의 김성실에게 말을 걸어보는 것이다. 그 과정에서 내가 생각하는 나와 실제의 나는 다르다는 것도 알았다. 나는 내 과거를 죄의식으로 가득 채우고 단죄해 왔지만, 실제로는 과거의 나에게

"여기까지 잘 살아줘서 대견하다."고 말하고 있었다. 그 사실에 나 자신도 놀랐다. 내가 생각했던 나보다 실제의 나는 더 실천력 있고 추진력이 있으며, 멋지게 해내는 모습도 있다는 걸 알게 되었다. 과거의 내가 빨리 철이 들어서 모든 걸 내가 해결해야 할 것만 같던 책임감의 이유와 아무에게도 말하지 못하고 쌓여왔던 깊은 우울감의 근원까지도 확인할 수 있었다. 사실 내가 힘들고 우울하다는 것을 아무에게도 말하지 않았던 것은 아니지만 주변 사람들은 내가 죽고 싶다고 했을 때도 그냥 힘들어서 저런 말을 하나 보다, 정도로만 여겼다. 내가 평소에 묵묵하게 나의 일을 해내는 사람이고, 웃고 넘기는 때가 많았기 때문에 우울의 심각성을 알지 못했다. 그런 상황이 지속되면서 더욱 더 내 마음을 숨기게 되었다. 그때의 나를 또 다른 인격체로 놓고 객관성을 잃지 않으려고 노력하면서 다시 바라보았다. 그랬더니 나는 정말 어떤 환경에서도 지지 않으려고 버티면서 열심히 살았던 한 사람일 뿐이었다. 그 이상 그 이하도 아니었는데 나는 나 스스로 심하게 몰아붙이고 과소평가하면서 살아왔다. 그 사실을 확인하자 이해와 위안이 동시에 되었다. **나 자신에게 미안한 마음이 들었다.**

　사람은 누구나 '본인이 생각하는 나'가 실제의 '나'에 대비해서 과하거나 과소평가가 되어 있을 수 있다. 자신을 과소평가하면 결과적으로 해낼 수 있는 많은 가능성과 기회를 잃게 될 것이고, 과대평가하면 성과에 집착하거나 현실과 이상의 괴리에 자괴감을 느끼게 될 수도 있다. 만약 자신을 부정하고 있거나, 의기소침하거나, 자책만 하는 사람이 있다면 자신을 객관적으로 바라보고 대면하는 과정을 해봤으면 좋겠다. 병원이나 상담 센터에서 타인 앞에서 말하기 어렵다면, 거울을 보거나 빈 종이에 객관적인 자신, 과거의 나를 추적하듯 써보는 것도 방법이다. 성과 중심의 사회에서 성과를 내기에도 바쁜 삶이지만, 그 성취의 중심에는 '단단한 나'라는 뿌리가 있어야 한다. 나를 만나고 이해하는 과정이 당장은 돌아가는 길 같겠지만, 멀리서 보면 자기 자신을 정확히 인식하고 걸어가는 것이 삶의 지름길이고 정도라는 것을 언젠가 알게 될 것이다. 나 역시 여전히 현실의 바쁜 일들을 해결하느라 시간에 쫓기기도 하지만, 두 발에 힘주고 인생의 중심을 잘 잡기 위해서 애쓰고 있다. 성취만큼이나 나에게 맞는 만족이 중요하다는 것을 순간순간 배워가는 중이다. 변화와 불확실성 앞에서도 확실한 오늘인 현재를 알아차리려고 노력한다. 그러니 나와 같은 상황에 있는 사람들에게 자신을 마주 보는 일부터 같이 해보자고 손을 내밀고 싶다. 긴 인생에서 자신을 알고 앞으로 나아가는 사람과 안다고 착각하고 걸어가는 사람은 삶의 만족도가 분명히 다르다는 걸 같이 증명해 나가고 싶기 때문이다.

7.

우울해도 시간은 흘러

　우리는 결정하기에 따라서 시간의 주인이 될 수도 있고, 시간의 노예가 될 수도 있다. 나는 정신과 치료를 병행하면서도 본업에서는 실수 없이 긴장감을 유지하며 버텨야 했던 시간을 지나왔다. 달력의 날짜는 계속 바뀌는데 내 마음은 제자리인 것 같고, 하루가 일주일처럼 길게 느껴졌다. 게다가 당시에 내가 다니던 은행에서는 연차를 내려면 한 달 전부터 말하고 승인받아야 했기에 병원 예약 역시 연차 일정에 맞춰서 놓치지 않고 해야 했다. 그 사이 계절이 바뀌었다. 나에게는 계속 똑같은 하루하루가 반복되는 것처럼 느껴졌고, 치료가 길어지면서 병원에는 사정상 한 달에 한 번 내원했다. 처음에는 이렇게 드문드문 방문해서 치료가 될까 싶기도 했고, 하루가 지치는 건 여전하다고 느껴지기도 했다. 그렇지만 꾸준히 진료를 받으면서 일상에서도 조금씩 긍정적인 변화와 자신감을 찾아갔다. 시간을 두고 내면을 들여다보니 생활 속 선택과 감정에도 변화가 일어났다. 평소엔 불안한 마음에 부정적인 걸 피하는 쪽으로 결정을 선택해 왔다면 이제는 조금 더 긍정적인 방향으로 가는 데에 초점을 맞추려고 노력하는 나를 볼 수 있었다.

나는 사람들이 마음을 다친다 해도 세상을 향한 마음까지는 닫아 버리지 않았으면 좋겠다. 나 역시 어린 시절부터 쭉 상처를 받아왔고, 우울감이 쌓여 넘친 어느 날은 세상과 단절을 시도하려 했던 사람이었다. 그냥 세상 모든 사람이 다 싫었던 시간이 있었다. 누군가 힘들어 지쳐있는 나에게 포기하지 말라고 한다고 해서 힘들고 지친 오늘을 포기하고 싶은 생각이 바로 회수되지도 않았다. 오히려 반항심이 드는 순간도 많이 있었다. 매일매일 방전을 향해서 달려가는 스마트폰이 된 기분이었다. 나만 이 세상을 놓으면 다 해결될 것 같은 기분이었다. 그런데 시간이 흐르니 그렇게 우울감에 빠져 살았던 나 역시 현재 우울감을 느끼는 사람들이 끝까지 자신을 놓지 말았으면 좋겠다고 간절히 바란다. 왜냐하면 나는 그때 버텨준 나에게 고맙기 때문이다. 아무리 혼자가 되더라도 내가 나를 놓지 않으면 언제라도 나를 데리고 병원이라도 갈 수 있다. 나를 내가 원하는 곳으로 데려다 놓을 수 있고, 내가 좋아하는 걸 느끼게 해 줄 수 있다. 그렇다고 해서 빨리 우울감을 떨쳐

내고자 억지로 모임에 참석하고 사람을 만나는 것보다는 나와 먼저 만나는 것이 중요하다. 시간이 멈춘 듯할 때 찾아오는 고요에 집중하고 나의 내면을 들여다보는 연습을 했다.

시간의 비가역성은 시간이 모두에게 공평하고 소중하다는 증거다. 과거의 특정한 일이 후회된다고 해서 마법처럼 시간을 되돌릴 수도 없다. 우리는 누군가를 위로할 때 시간이 약이라고 말한다. 시간이 지나면서 자연스럽게 치유되는 것을 뜻하는 바일 것이다. 시간이 모든 걸 해결해 주지는 않지만, 시간의 흐름에 따라 처음과 느낌이 변하거나 추가적인 의미도 생길 수 있다.

나는 우울증 치료를 하고 있지만, 현실의 물리적인 상황을 완전히 바꿀 수는 없었다. 동시에 내가 우울감을 겪고 있다고 해서 삶에서 일어나는 모든 일이 재미없고, 따뜻하지 않으리라는 법도 없었다. 나는 병원에 다니면서 시야가 넓어지고, 나를 포함한 사람에 대한 이해도 깊어졌다. 내가 더 나은 삶을 살기로 선택하지 않았다면 나는 혼자만 정체된 시간에 머무르고 있었을지도 모른다. 시간은 정직하게 흐른다. 나를 돌보면서 흐른 시간이 참 감사하다. 과거에 일을 현재에 바꿀 수는 없지만, 그때 내 나름대로 노력했던 나는 분명히 기억에 남는다. 그리고 지금도 미래에서 돌아보면 그런 시간이 될 것이다. 건강한 방법으로 환기하기 위한 산책, 심리상담 과정에서 느낀 객관화된 내 모습, 감정을 추스르는 법을 연습하기, 내가 좋아하는 것들을 생각해 보는 과정 등등 내 삶을 수용하면서 생기는 일치감을 느끼는 시간 말이다. 실제로 마음이 점점 회복되면서 똑같은 회사 사람인데도 조금은 넉넉하게 대하고, 괜한 의미를 부여하지 않게 되었다. 인간관계 자체에 가지는 긴장도가 달라졌다. 자꾸만 생각이 과거로 빠지려 할 때면 현재로 돌아오려고 애썼다.

마음의 병이란 게 오래 쌓여 곪아있던 상처가 덧난 것이니까 치유하는 데에 많은 시간과 노력이 필요할 것은 당연하다. 그건 그때의 최선이었다고 기억하면서 앞을 보고 걸어가야 한다. 자신을 자책하고 본인 스스로 죄의식을 씌우는 것은 나 자신에게 마이너스다. 왜냐하면 현실에서 자신을 더욱 가두거나 못마땅하게 생각하면 부정적인 패턴을 반복하기 쉽기 때문이다.

오늘, 지금, 여기도 소중한 시간의 한복판이다. 순간을 애틋해하고 소중히 여기자. 우울해하는 시간도 돌아오지 않을 소중한 나의 시간임을 잊지 말자. 사람은 미래와 연결될수록 자기 조절 능력이 향상된다고 한다. 미래에 대한 희망과 기대가 이끄는 행동은 시간을 더 빛나게 한다. 나는 미래의 내가 궁금하다. 시간이 빨리 흐르는 것도 천천히 흐르는 것도 모두 내 삶에서 그 나름에 중요한 의미와 이유를 가진다. 그렇다고 해서 시간이 행복한 순간을 지속시켜주거나 고통스러운 기억을 없애주지는 못한다. 하지만 내가 현재에 몰두하면서 내게 당장 중요한 일에 우선순위를 두고, 자신을 돌보거나 소중한 사람과 시간을 보낸다면 그걸로 충분히 잘 보냈다고 말할 수 있다. 목표를 향해서 질주하면서 달리다가도 멈춰 서서 시간을 되돌아보며 삶을 재조명하는 능력은 인간만 누릴 수 있는 특권이다.

만일 기존에 본인의 시간을 관리해 본 적이 없다면 강박이 생기지 않는 선에서 매일 루틴을 정하고 TO DO 리스트를 만들어서 시간을 사용해 보면 어떨까? 그렇다고 해서 특별한 아침 루틴이나 '미라클 모닝'을 실천할 필요는 없다. 루틴의 본질은 거창한 자기 계발이 아닌, '열악한 환경 속에서도 선택할 수 있는 가장 좋은 것'을 반복하는 것이다. 이건 내가 해본 방법 중에 가장 효과가 좋았다. 루틴이 누적되면서 안 좋은 습관이 많던 나를 바꿨다. 중요한 건, 나만의 방식으로 지금 할 수 있는 가장 좋은 선택을 반복하는 것이다. 나는 실패하거나 무너질 때마다 도서관에 가서 미래를 준비했고, 하루에 만 원이라도 펀드나 주식에 투자하거나, 코인을 조금씩 공부했다. 물론 경제나 정책 이슈 영상을 찾아보는 것도 꾸준히 했다. 그래서 지금의 나는 주식 차트도 볼 수 있게 되었다. 투자 이전에는 적은 금액이지만 저축하며 모으고 불리는 연습을 했다. 결국 나의 유일한 루틴은 '포기하지 않고 배우고, 시도하는 것'이었다. 작은 습관으로는 매일 하루에 명언을 하나씩 읽고 적는 루틴도 있다. 이처럼 사소하지만 나에게 힘을 주는 루틴도 쌓이면 큰 힘을 발휘한다. 처음엔 뭔가를 결정하고 움직이는 게 어색하겠지만, 그럴 땐 루틴을 관리해 주는 앱이나 인터넷에서 찾아볼 수 있는 루틴 만들기 관련 정보의 힘을 빌려도 좋다. 지금 이 순간, 내가 원하는 일을 조금이라도 해내고 있다는 감각이 얼마나 귀한 것인지 다시

금 느끼게 될 것이다.

"그대는 인생을 사랑하는가?

그렇다면 시간을 낭비하지 말라. 왜냐하면 시간은

인생을 구성한 재료니까."

- 벤자민 프랭클린(Benjamin Franklin) 자서전 中

8.

마음의 감기

많은 매체에서 우울증을 두고 '마음의 감기'라는 표현을 쓴다. 우울증도 감기처럼 남녀노소 누구에게나 있을 수 있는 흔한 일이기도 하고, 주변으로 옮기기도 하며 증상에 맞는 약을 먹거나 치료를 병행하면 적절한 회복이 가능하다는 공통점이 있다. 이처럼 우울증에 관해 어느 정도는 정신건강의학과 치료를 받는 것에 대한 편견이 조금씩은 옅어지고 있는 것 같다. 나는 약 처방을 받으면서 우울증뿐만 아니라 불안 치료에도 많은 도움을 받았다. 그리고 심리치료를 받으면서 남들이 나를 싫어하는 상황을 두려워하며 살았고, 시기와 질투를 받으면 여전히 어떻게 대응해야 할지 알지 못한다는 사실을 깨달았다. 그래서 이제는 심리 상담을 받으면서 그런 상황에 어떻게 대처해야 할지 하나씩 알아가고 있다. 상담을 하면서 누군가 내 문제를 같이 들어주고 고민해 주는 과정은 큰 위로가 된다는 생각이 든다.

아프면 감기 진단을 받고, 약을 먹고 간호를 받으며 푹 쉬듯이, 정신 건강 역시 감기처럼 예방하고 걸렸다면 빠르게 치료하려는 노력이 필요하다. 물론 상담을 진행하고 우울증 약을 먹는다고 해서 바로 드라마틱하게 마음의 멍이 사라지거나 급격히 호전되지는 않는다. 다만 꾸준히 복용하면 부정적인 생각이 걷히고, 삶의 의지가 생긴다. 나는 심리센터 초기 과제로 내 성과를 연대기별로 정리한 적이 있다. 처음엔 쓸 내용이 없을 거라 생각했지만, 연도별로 기억을 거스르니 생각보다 그동안 많은 일을 해 왔다는 것을 알게 되었다. 그 외에도 나를 돌보기 위한 심리상담을 진행했다. 여기에서 감기와 우울증의 차이가 생긴다. 감기처럼 병원 가고 약 먹고 푹 쉬면 금방 낫는 것이 아니다. 우울증은 내가 살피고, 오래 돌봐야 서서히 나아진다. 긴 호흡으로 이어가는 장기전이다.

우울증 치료가 장기적인 레이스라니 벌써부터 덜컥 병원비 걱정이 앞서는 사람들이 있을 것이다. 이때를 위해서 시도별로 있는 마음 건강에 관한 제도를 알아놓을 필요가 있다. 나 역시 국가사업으로 심리 치료를 받고 있다. 우리나라에는 우울, 불안 등 정서적 어려움을 겪고 있는 국민에게 마음 건강을 돌보고, 만성 질환으로의 악화나 극단적 시도 등을 예방하는 취지로 만들어진 '전 국민 마음 투자 지원사업'이라는 정책이 있다. 이 제도 역시 병원부터 가서 진단서나 의뢰서를 받아야 심리 지원을 받을 수 있다. 아니면 국가 건강검진에서 중간 이상의 우울증을 겪고 있거나, 특정 대상자(자립 준비 청년, 보호 연장 아동)에 해당돼야 한다.

그러니 나를 살리려면 일단 병원을 가서 진단받는 것이 최우선이다. 처음에는 물론 병원을 가고 싶어도 초기 진료비조차 부담되는 청년들도 있을지도 모른다. 하지만 단 한 번이라도 병원을 찾아갈 수 있다면 어떨까. 비용을 아끼느라 마음 치료에 인색해지는 건 오히려 더 큰 손해다.

정신건강 치료는 사치가 아니라 생존을 위한 선택이었다. 정말 극단적인 경제적 곤경에 놓여 있다 해도, 병원에 한 번은 방문해 일할 능력이 없음을 증명하고, 복지 제도나 지원을 받아야 한다.

만약 자기가 일할 능력조차 없거나 정신적으로 지원할 의지도 없을 만큼 힘든 상황이라면 진단서 등 본인의 힘듦을 입증할 수 있는 서류를 발급받은 후에 다음을 도모해야 한다.

나는 과거에 동사무소에서 근무한 경험이 있다. 그때 장애인 복지과에서 일하면서 기초생활 수급자 관련 업무도 했었다. 우리나라 복지는 스스로 신청해야 한다. 남이 해줄 수가 없다. 자격이 있는 수급자에게 그냥 주어지는 게 아니라 스스로 획득해야만 복지를 얻을 수 있다. 만약에 사회적 체력이 약해져서 직장에 바로 들어갈 수 없는 상황이라면, 일을 못 한다는 것을 증명하고 자신에게 맞는 제도적 지원을 받아야 한다.

물론 너무 비싼 병원은 나도 추천하지 않는다. 하지만 대부분의 정신과 진료 상담은 대부분 건강보험이 적용되어, 의원급에서는 1만 원 내외로 비교적 저렴하다. 처음 진료를 받을 때 검사 비용이 과도하게 비싸게 느껴진다면 현재의 사정을 솔직히 설명하고 최소한의 비용으로 진행해 달라고 요청해 보자. 그리고 진단을 받아 정기 상담을 하게 되면 재진료가 적용되어 비용이 낮아진다. 건강보험 유형에 따라서 다르겠지만, 나의 경우는 한 달에 한 번 한 달 치 약을 처방받을 때 드는 비용이 약 4만 원 내외였다. 결국 다른 병원 진료비와 비슷한 수준이다. 만약 검사를 추가로 진행한다면 9만~15만 원 정도의 비용이 들 수도 있다. 이건 내 실제 경험에서 나온 이야기다.

경제적으로 부담이 크다면, 각 지역의 정신건강복지 센터를 통해서 무료 심리 상담, 정신 건강 평가 등을 받는 방법도 있다. 비용이 걱정되어 치료를 미루기보다, 이런 제도를 적극적으로 활용하는 편이 현명하다.

과거 나는 우울증에 시달리면서도, 그 사실조차 모른 채 자신을 절벽 끝까지 몰아붙이며 살았다. 내가 치료에 대해서 굳이 말할 필요는 없지만, 이렇게까지 터놓고 말하는 것은 경험에서 우러난 과거의 나에 대한 안타까움 때문이었다. 진작 갔더라면 어땠을까, 하는 일말의 후회가 있다. 그래서 병원에 찾아갈지 말지를 고민 중인 사람이 있다면, 자신을 위해서 용기를 내라고 응원하고 싶다. 마음 회복의 기회는 어쩌면 가까이에 있을 수 있다는 사실을 꼭 전하고 싶다.

각박한 세상은 시도 때도 없이 환절기 같다. 하지만 내가 감기를 예방하고, 만약 감기 기운이 있더라도, 심한 감기를 겪고 있더라도 나를 치료하고 건강을 회복하는 건 세상과 별개로 내가 할 수 있고, 반드시 해야 할 일이다. 감기에 면역이 없다는 것은 큰 문제가 아니다. 하지만 그 사실을 탓하며 회복을 외면하는 태도는 큰 문제가 아닐까?

9.

어제보다 오늘, 오늘보다 내일

기분이 소비에 어떤 영향을 미치는지에 대해 한 번쯤 들어본 적이 있을 것이다. 미국 하버드대 공공정책과 제니퍼 러너 교수팀의 연구는 십몇 년이 지난 아직도 유효하다. 우울한 사람은 더 큰 소비를 한다는 실증적인 결과가 나온 이 연구에서 우울한 사람이 우울하지 않은 사람보다 더 비싼 소비를 한다고 나타났다. 일종의 보상 심리로서의 소비가 늘어난다고 한다. '홧김비용'이라는 신조어가 일상어로 자리잡은 이유다. 사람은 기분이 좋지 않을 때 쇼핑하면 충동 소비를 할 수 있다. 충동 소비는 즉각적으로 기분이 좋아지게 만들기 때문이다. 요즘 현대인들은 과도한 업무에 시달리기에 마음속에서는 나에게 이 정도는 해줘도 된다고 생각한다. 그래서 퇴근 후에 에너지 부족으로 쓰는 택시비나, 기분 전환용으로 소비하는 배달비를 두고 우리는 감정 비용이라고 말한다. 매체에서 인생은 기분 관리라는 말이 한참 유행했었다. 기분의 상태가 인생을 만든다는 말이다. 기분에 따라 하루의 선택이 달라지고, 그 선택들의 총합이 인생이라면, 기분은 가장 중요하게 관리해야 할 일과 중 하나가 될 것이다. 마음이나 감정은 눈에 보이지 않고 당장 급하지 않다는 이유로 쉽게 소홀해지기 마련이다. 나도 현실에 치여 바쁘다는 이유로 그렇게 살아왔다. 그러다가 극단적인 생각까지 들자, 더 이상 이렇게 살면 안 되겠다는 생각이 들었다. 이후 나는 뒤늦게 나를 돌아보고 치유하는 과정을 통해서 나 자신의 감정을 대면하고 어루만지는 경험을 할 수 있었다.

생각해 보면 나도 그날의 기분에 따라서 감정과 선택이 달라졌다. 기분이 좋을 때는 그냥 지나칠 만한 일도 기분이 별로일 때는 민감하고 불편하게 느껴지는 날이 많았다. 같은 사안을 두고도 기분에 따라 다른 선택을 하기도 하였다. 하루의 질이 달라지고 태도가 달라졌다. 자신의 기분을 살피고 내면을 돌보는 일이 단순한 정신 승리나 일시적인 효과에 그치는 것이 아니냐는 우려도 있을 수 있다. 그리고 사람마다 경도의 차이가 있겠지만 깊은 우울증을 가지고 있다면, 언제 완치가 될지 기약도 없다. 하지만 확실한 것은 치료하기로 마음먹고서 내 삶은 조금씩 나아지고 있다는 것이다.

나라도 나의 손을 놓으면 안 된다. 삶의 끈을 놓지 말고 작은 일이라도 무언가 일을 하면서 그 안에서 보람을 찾았으면 좋겠다. 보람을 찾는 일이 어렵지만, 보람을 찾는 순간 무엇보다 자신이 치유되기 때문이다. 그렇다고 해서 대단히 거창한 보람을 발견하라는 말은 아니다. 단적인 예로 아이스크림 전문점에서 아르바이트로 근무하더라도 아이스크림을 퍼주고 나서 해사하게 웃으며 돌아가는 아이의 모습에서 보람을 느낄 수도 있고, 또 바쁜 식당에서 홀서빙하는 아르바이트를 하더라도 손님들에게 당연하게 할 일을 제공하고 감사 인사를 받는 데에서 기쁨을 느낄 수도 있다. 급여로만 남과 비교하여 남이 더 가졌고, 내게 없는 것을 생각하지 말고, 기존에 나에게 있는 것에서부터 출발해야 한다. 내가 처한 상황을 새롭게 바라보고, 이 상황의 장점을 추려서 더욱 잘 살릴 수 있을지를 고민해 보면 좋을 것 같다. 나는 성인 ADHD를 가지고 있어서 주변이 산만하다는 단점도 있었지만, 여러 일을 동시에 해낼 수 있는 멀티형 사람이기도 했다. 많은 분야에 관심이 있었고, 어떤 것이 나에게 기회가 될지 몰라서 끊임없이 자료를 모았다.

그렇다면 기분을 관리하는 방법으로는 무엇이 있을까? 사실은 다들 마음속으로는 알고 있지만, 자연스럽게 되리라 생각하는 영역이 많다. 내가 도움받은 기분 관리 비결은 규칙으로 신체를 움직여주는 것이었다. 유산소 걷기를 하면서 내가 현재 느끼는 감정을 인식하는 시간을 가졌다. 그리고 짧게라도 나만의 휴식 시간을 확보하고, 내가 믿고 좋아하는 사람들과의 대화 시간을 늘리려고 애썼다. 또한 미래 계획을 세우고 상상하면서 이미 이룬 것처럼 뿌듯한 감정도 느끼고, 미래를 위해 지금 내가 현재 할 일을 재정비하기도 했다. 그러고 나니 잘하고 싶은 마음이 생기고, 내가 하려고 했던 일에서 의무를 다하고 깔끔하게 하려고 노력했다. 예시로 나는 국가 지원제도를 통해 심리 상담을 받았다. 원래는 1회기에 10만 원짜리 상담이다. 하지만 나는 정신 건강 사업으로 지원받아서 1회기 8천 원에서 만 6천 원 정도의 자부담금을 내고 상담을 받았다. 초기 상담 과정에서 나에게 과제를 내줬다. 나는 정확한 결과를 원했다. A4에 깔끔하게 기록해서 학교 과제 제출하듯 냈다. 사소한 것이지만, 나의 과제 제출에 심리 상담사님은 놀랐다고 말했다. 보통은 그냥 스마트폰으로 대충 써서 보여준다고 했다. 나처럼 의무감을 가지고 써오는 사람은 사람 천 명 중에 한 명이라고 처음 본다고 했다. 심리 상담사님은 내게 부담이 될까 봐 걱정하면서 과제를 더 이상 내주지 않았다. 그래서 느꼈다. 내가 모든 일을 열심히 잘하려고 했기 때문에 에너지 소진이 크다는 것을 말이다. 그래도 작은 일 하나에 최선을 다하는 내 모습이 싫지 않았다.

    자신이 좋아하는 일을 찾는 것은 기분 관리의 첫 단계이다. 갑자기 떠오르는 게 없다면 메모장에 하고 싶은 일을 쭉 써보자. 물론 써놓은 것을 이뤄냈을 때 가장 좋겠지만, 써보는 것만으로도 기분이 한결 나아질 것이다.

사람마다 가진 장점과 기질이 다르다. 기쁨이나 환희의 순간도 사람마다 다 다르게 보고 느낀다. 과거의 나는 놓쳤을지 몰라도, 오늘의 나와 미래의 나는 그 소중한 순간들을 더 잘 포착하고 음미할 수 있을 것이다. 어제는 이미 지나갔다. 아무리 후회해도 바꿀 수가 없다. 하지만 오늘은 내가 직접 바꾸고 행동할 수 있다. 의식적으로라도 어제보다 조금 더 나은 생각을 하고 앞으로 더 나아질 거라는 믿음을 가진다면 이미 과거로부터 멀어져 한 걸음을 앞으로 나아간 것이다. 희망은 앞으로의 시간 속에 존재한다.

나는 오늘도 나에게 조금 더 기분 좋은 하루를 선물하기 위해서 애쓴다. 꼭 물질적인 선물이 아닐지라도 내 기분을 좋아지게 하는 행동과 준비로 무장하는 하루를 보낸다. 어제의 나보다 오늘 조금 더 단단해진 만큼, 내일의 나는, 미래의 나는 지금보다 나를 더 잘 아는 사람이 되어 있을 것이다.

4장

내 집 마련 성공기

1.

나에게 집은

어릴 때는 집에 오면 궁핍한 현실만 재확인하는 나날이 이어졌다. 내게는 가난한 환경에 대한 부끄러움과 수치심이 있었기에 집으로 친구를 초대하는 건 꿈도 꿀 수 없었다. 나는 결혼 후에야 주거 안정을 찾았다. 내게 주거 공간은 그만큼 오래된 숙원사업 같은 것이었다. 내가 생각해 왔던 이상적인 집은 가족을 보호해 주는 안전한 울타리 같은 공간이었다. 경제적으로나 정신적으로 불안하지 않고, 가족 구성원 누구의 눈치도 보지 않고, 마음껏 숨 쉴 수 있는 곳. 현관에 들어서면 몸을 감싸는 아늑한 온기와 가족들의 웃음소리가 들리고, 맛있고 따뜻한 밥 냄새가 풍기는 집. 인사를 하고 들어간 나만의 방에는 넓은 창문이 보이고, 그 넓은 창문을 열면 큰 나무와 따뜻한 햇살이 한눈에 들어오는 그런 집을 상상했었다. 이런 집은 드라마 혹은 동화에나 나올 법한 것이라고 생각하면서도, 그런 따스한 집의 한 장면을 상상하는 일 자체로 기분 좋아졌다. 나만의 로망을 키워드로 단순하게 정리하면 '진정한 편안함'이라고 할 수 있다.

하지만 현실에서 나는 그런 편안함을 주는 집에 살지 못했다. 내가 초등학교 때, 부모님은 이혼하고, 소년소녀가장이라는 이름으로 기초생활 수급자 신분이 되었으며, 우리 가족은 허름한 주택에서 살았다.

중학생이 되어서야 아파트로 이사했다. 처음 이사한다는 아빠의 말에 어떤 아파트일까 설레었고, 그곳에서 펼쳐질 일상이 궁금했다. 이삿짐 차가 도착한 곳엔 낡은 영구 임대 아파트가 있었다. 내부는 12평이었다. 그곳에서 우리 가족은 짐을 풀었다. 오래된 짐은 버려야 우리 가족이 겨우 잠을 잘 수 있었다. 이사한다고 끝이 아니었다.

이사한 다음 날이었다. 학교에 다녀와서 나는 난리가 난 집을 마주하고 당황스러움과 공포감에 압도되었다. 아파트인데 창문이 다 뜯겨 있고, 여기저기에 실랑이 흔적이 남아 있었다. 어리둥절하면서 내용을 물어보니 이전에 살던 사람이 본인의 돈으로 베란다 창문을 했다며, 마구잡이로 집 안에 들어와 창문을 모두 뜯어갔다고 했다. 엎친 데 덮친 격으로 한동안 태풍과 비바람이 동반되는 날씨가 이어졌다. 우리 집은 바람이 잘 들어오는 최고층이었다. 베란다로 비바람이 들어오고 바람이 불어닥치니 내부의 기온도 낮아지고, 베란다에 적재해 둔 살림이 망가지기 일쑤였다.

아빠는 임시방편으로 튼튼한 비닐을 겹쳐서 창문의 구멍 자리를 막았다. 전문 업체를 불러서 새시를 하면 쉽고 간편했겠지만, 우리 집에는 베란다 유리창을 교체할 경제적 여유가 없었다. 아마 그래서 이전 세입자가 난동을 부리면서까지 뜯어간 것 같았다. 당장 우리는 외부로부터 집을 보호해야 했기에 계속 비닐을 덧대고 테이프로 보수하면서 십 년 넘게 살았다. 외부로부터 보호막이 되어줘야 할 집인데, 비닐 창문은 얇고 소리가 나서 늘 우리를 불안하게 했다. 그렇게 영구 임대 아파트에는 우리 가족들의 힘겨웠던 시간과 인생이 묻어갔다.

나는 학창 시절 대부분과 첫 사회생활을 할 때까지도 임대 아파트에서 지냈다. 그 사이에 연례행사처럼 관리비와 임대료 미납으로 고초를 겪어야 했다. 수도를 당장 끊겠노라 찾아와서 아빠와 관리인이 싸웠고, 임대료 미납을 이유로 강제로 집에 들어와서 집안 살림에 압류 딱지를 붙였다.

이런 상황이 계속 반복되다 보니, 처음에는 그 상황 자체가 두렵고 무서웠는데 나도 점차 무던해졌다. 당장 밀린 관리비나 임대료를 낼 수 없어서, 내가 혼자 지낼 때 수도를 끊으러 오면 세탁기와 큼직한 대야에 물을 잔뜩 받아두고 이제 끊으셔도 된다고 말할 정도였다.

게다가 내가 대학을 졸업한 이후부터는 내게 부양 능력이 있다고 간주해 수급비 지원마저 끊겼다. 당시 아빠는 일용직 근로자였는데, 일이 없는 날도 많았던 터라, 끊긴 수급비에 많이 힘들어했다. 그런 날들이 길어지자 나는 당장 나를 채용해 주는 방문 요양센터에 취업할 수밖에 없었다. 내가 서울로 상경하기 전까지만 해도 내 눈에 우리 집 세간은, 아빠의 고생이 묻어나는 술상, 공부하려 애쓰던 나와 동생의 과거, 편찮으셨던 할머니의 흔적들뿐이었다. 집에 있는 세간에 가난과 고생이 고스란히 남았다.

그런 이유로 나는 집이라는 공간에서 제대로 휴식하지 못했다. 원래 치매가 있었던 첫 번째 할머니는 일찍 돌아가셨고, 우리의 주 양육을 맡아주셨던 친할머니는 내가 대학생 때 뇌졸중으로 쓰러져 편마비가 왔고, 요양병원에 입소하셨다. 그렇게 요양원에서 10여 년간 계시다가 24년 2월에 별세하셨다. 돌아가실 즈음엔 마치 시간을 거꾸로 여행하는 사람처럼 세상의 기억을 하나씩 잃어갔고, 끝내는 내 이름은 물론 내가 손녀라는 사실조차 잊으셨다.

그리고 빚더미에 앉은 신용불량자 신분의 아빠, 아빠의 불안정한 소득은 나를 불안하게 했다. 나는 여러 가지로 휴식을 취할 수 없는 상황에 둘러싸여 있었다. 당시 나에게 집은 생각을 담아내는 걸 떠나 오히려 생각을 밀어내야만 하는 곳이었다. 집이 담고 있는 기억이 내겐 무거웠다. 하지만, 내가 앞으로 머물고 살아갈 집까지 이런 상황의 집이면 안 된다고 생각했다.

참 안타까운 일이지만 내가 살아온 사회에서 집은 계급의 반영이었다. 요즘 시대에 신분제는 없다지만 주거의 형태와 외관은 사회적 신분에 어느 정도 영향을 미친다. 어느 지역에 내 집이 있는지, 어느 구에 내 집이 있는지, 어느 동네인지, 어떤 브랜드의 몇 평 아파트인지, 신축 여부에 따라서 주거 환경이 그 사람을 대변하기도 한다. 그러니 아이들의 학령기 전에 무리하게 대출해서 이사하는 부모의 마음도 이해는 된다. 나는 임대 아파트에서 살던 시절에 주거가 계급이 된다는 걸 몸소 체감했다. 종이 한 장을 쭉 돌려가면서 비상 연락망을 적을 때에도 다른 아이들의 아파트를 알게 되고, 친구의 어디 사냐는 악의 없는 물음에도 내가 사는 아파트를 알려야 하는 상황이 많았다. 그때마다 내가 사는 곳이 임대 아파트라는 것을 아이들이 모를 리가 없다는 생각에 계급을 확정받는 기분이 들었다. 주거지로 빈부격차가 나타나는 건 수십 년이 지나도 여전한 것 같아서 안타깝다.

내가 살던 임대 아파트 앞에 지하철이 뚫리고 모노레일이 생기자, 임대 아파트가 미관상 보기 안 좋다는 의견이 들어와서 아파트 외관에 벽화가 그려졌다. 이 아파트는 지나가는 사람들의 시선에라도 보기 좋아야 존재를 인정받는다는 생각에, 마음 한편이 씁쓸했다.

집은 가족 구성원의 마음을 집약해 놓은 작은 세계다. 나는 그 세계가 버거운 날이 많았다. 내가 그동안 살아왔던 집은 가족들이 살아내기에 바빴고, 서로를 향한 대화보다는 침묵이 길었다. 각자의 하루를 마친 뒤, 지친 몸으로 버스를 기다리며 잠시 머무는 정류소 같았다. 애초에 나만의 집이 아니었기 때문에 내가 원하는 대로 할 수도 없었다. 나는 집을 단지 잠만 자는 곳으로 여겼다. 집은 외부 세계로부터 가족을 보호해 주는 공간일 텐데, 우리 집은 오히려 현실이라는 이유로 집 안에서도 서로를 지켜주지 못하는 경우가 많았다. 나는 살아온 날보다 살아갈 날이 많다. 당장 내 집 마련이 아니더라도, 내 공간 마련쯤은 할 수도 있지 않을까 생각해서 주택 청약을 찾아보았다. 또한 평소에도 주거 관련 정책이 발표되면 빠짐없이 확인하려고 애썼다. 내 미래의 출발점이 될 집을 찾는다는 생각에, 힘듦보다는 희망이 마음속에 더 크게 자리했다.

2.

우리에게 집은

남편과 나는 집에서 많은 시간을 보낸다. 내가 머무는 공간에 존재하는 에너지와 감정이 내 하루의 시작과 끝을 좌우한다. 그러면 집은 물리적인 장소가 아니라 정신적인 공간일 것이다. 그래서 그 공간 안에서 나는 휴식을 취한다.

    오랜 기간 사귄 남자 친구와 결혼을 앞두고 가장 심각하게 고려했던 게 바로 집이었다. 우리는 십 년이라는 긴 세월 동안에 장거리 연애를 했다. 그는 가끔 만나더라도 대화가 잘 통해서 큰 힘이 되어줬다. 자주 만나지 못한다는 점 외에는 별다른 어려움이 없었다. 당시 우리

가족들은 다 돈 때문에 힘들어해서 만나면 돈 얘기만 하는데, 남자 친구를 만날 때만큼은 그런 경제적인 불안감을 생각할 틈이 없을 정도로 풍성한 대화가 가능했고, 시간이 정말 빠르게 흘렀다. 무엇보다 그는 나를 많이 웃게 해 주었다. 우리는 자주 만나지 못하니 만날 때 더 애틋했다. 오랜 연애 동안 쭉 지켜보았지만, 그는 마음이나 행동이 변치 않는 한결같은 사람이었다. 그래서 연애 기간이 길어지면서 점차 결혼 후의 우리 모습을 그려보곤 했다. 처음엔 화목한 가정이 잘 그려지지 않았지만, 점점 원하는 가족상을 그려나갔다. 그러고 나니 결혼하게 되면 이런 다정한 사람이랑 하고 싶다는 마음이 점점 커졌다. 서로 아끼고 배려하고, 같이 있는 시간이 즐거운 사람. 그 사람과의 시간이 쌓이면, 그것이야말로 이상적인 '결혼 생활'일 것 같다는 생각이 들었다.

하지만 이상을 이루기 위해서 현실적으로 결혼 후에 살 집을 우선으로 생각하지 않을 수가 없었다. 집 문제만 생각하면 경제적으로 당장 여력이 없으니, 앞이 깜깜하고 생각이 복잡해졌다. 그러다 보니 자연스럽게 결혼 이야기가 나오면 1년 후에는 하지 않을까? 2년 후쯤은 하겠지? 하는 말로 결혼에 대한 계획은 아득히 멀어지곤 했었다.

해를 거듭하면서 시간은 점점 빠르게 흐르고 우리는 나이만 들어갔다. 더는 결혼을 지체할 수 없겠다는 생각이 들었다. 그래서 나는 본격적으로 신혼 희망 타운에 대해서 알아보기 시작했다. 당시 남편의 직장은 서울이고, 내 직장은 지방이었는데, 남편이 정기적으로 다니는 병원이 서울에 있어서 우리는 서울에서 거주하기로 했다. 지방도 아니고 서울에 주거지를 마련하려니 더 힘들게 느껴졌다. 하지만 할 수 있는 것부터 하나씩 하기로 했다.

나는 지방에 살았지만, 서울 소재의 근무지로 공기업 시험을 쳤고, 합격했다. 내가 우리가 되는 과정에서 주거지와 주거 환경은 앞으로 우리가 머물 삶터를 결정하는 중요한 요인이었다. 신혼부부 임대 제도를 알게 되고 서울 지역의 신혼부부 특별공급을 계속해서 공부했다. 신혼 희망 타운은 신혼부부 및 젊은 부부의 공공임대주택인 소형 아파트였다. 깔끔하고 쾌적했으며 무엇보다 우리에게 필요했다. 임대가가 주변보다 최대 80%까지 낮았다. 게다가 입주 조건만 맞춰지면 고정 저금리로도 대출할 수 있는 환경이었다. 공고를 살펴보며, 주거 안정을 위해서는 생애주기를 잘 맞춰 전략적으로 접근해야 한다는 것을 배웠다. 내가 해볼 만한 공고가 눈에 들어오기 시작했다.

처음에는 서울의 집은 꿈만 같다고 생각했지만, 불가능하기만 한 것은 아니었다. 경쟁률이 더 센 서울일수록 꼼꼼하게 전략을 세워야 했다. 입주 자격에 내 조건을 맞추고, 가점 산정 항목에 신경을 썼다. 남편은 전망 좋은 높은 층수를 원했지만, 내가 볼 때는 저층이 더 입주 가능성이 커 보였다. 그래서 우리는 많은 대화를 통해서 신혼집을 마련하기 위해서는 일단 집이 당첨되는 게 우선이니 당첨되는 것에만 초점을 맞추기로 합의해 나갔다. 저층으로 공략했고, 결과는 성공이었다.

하지만 신혼 희망 타운 완공 시기가 맞지 않아서 고시원 생활을 해야 했다. 지금 되돌아보면 처음에는 사방이 안개라서 길이 안 보였는데 내가 적극적으로 찾으려고 걷다 보니 희미하게라도 앞이 보이기 시작했다.

결과적으로 지금은 서울의 신혼 희망 타운에 살고 있다. 나는 의견충돌이 있을 때마다 보통 설득을 통해서 상반되는 의견을 맞춰나간다. 남편과 서울에 집을 얻었지만, 그전까지만 해도 내 마음은 반반이었다. 지금도 사실 서울보다 내가 살던 고향이 더 좋다고 느껴진다. 그래서 처음 상경했을 때는 향수병을 앓기도 했다. 생각해 보면 자라온 지역에서 힘든 일도 많이 있었고, 부모님과의 관계는 사실 애증의 관계에 가깝다. 그렇지만 그곳에는 여전히 내 삶 일부가 있다. 지금은 이제 한 달에 한 번씩 고향에 있는 병원에 내원할 때면 그 핑계로 가족도 한 달에 한 번씩 보러 간다. 거리가 멀어지고 더 가까워진 마음도 있었다. 내가 사회생활을 해보지 않으면 절대 몰랐을 것이다. 사회생활을 해본 후에야 아빠가 그동안 얼마나 돈 버느라 힘들었을지를 알게 되었다. 내가 주거안정을 위해서 고군분투를 해보고서야 집을 지키기 위해 싸움도 마다하지 않아야 했던 부모님의 필사적인 행동들이 이해되었다.

결혼을 한다는 건 서로가 살아온 문화를 급격하게 통합하는 과정이었다. 우리는 주거 마련을 함께하면서 더욱 친밀해졌다. 공동의 목표를 가지고 대화를 나누면서 미래를 함께 그렸다. 그 과정에서 여러 이해 충돌과 화해를 거치며 서로의 생각, 생활 습관, 취향, 가치관을 깊이 이해하게 되었다. 그나마 다행인 것은 장기 연애로 인해 각자의 습관이나 취미에 대한 이해가 높았다. 주거라는 큰 문제를 같이 해결해 나가려고 노력하면서부터는 단순하게 연인을 넘어 든든한 동반자로 거듭난 기분이 들었다. 남편과는 대화를 많이 하는 편이다. 사람은 깊은 대화와 관계를 통해서 행복과 실존의 의미를 느낀다고 한다. 대화의 깊이나 형태는 다를지언정 이런 대화들이 쌓이는 동안에도 우리는 행복함을 느낀다.

그래서 더더욱 내가 이룬 내 가정은 단단한 울타리 안에서 잘 지키고 싶다고 생각했다. 우리는 결혼도 중요하지만, 주거 문제를 잘 해결하기 위해서 혼인 신고를 주택 마련과 동시에 하기로 하고 그 이후 같은 목표로 나아갈 수 있었다. 먼저 나는 서울에 올라와 고시원 생활을 하면서 신혼 희망 타운이 완공될 때까지 내가 살 집이 지어지고 있다는 믿음으로 기다렸다. 암흑 같던 고시원 시기를 지나고 현재 신혼 희망 타운 임대 아파트에서 3년째 지내고 있다. 이제 4년 정도밖에 안 남았다.

하지만 정말 다행히도 청약을 해놓은 아파트가 완공된다. 기한 전에 이사할 수 있게 된 것이다. 화려하지는 않더라도 예측 불가능한 세상에서 확실한 미래가 있다는 건 든든한 일이다. 만약 우리가 미리 서둘러서 준비를 해놓지 않았다면 다음 기회는 언제 왔을지 모른다. 오늘보다 조금 더 나은 미래를 위해서 우리의 삶터를 준비하자. 쇼펜하우어는 진정한 행복이 외부의 조건이나 타인의 인정이 아니라, 내면의 평화와 만족에서 비롯된다고 말했다. 그러니 사람에 따라서 자가 주택 마련이 꼭 목표일 필요는 없다. 내면의 평화에 도달하는 가치라면 각자의 거주 방식을 지켜가면 된다. 하지만 거주 방식을 지키는 데에 드는 전략은 필요하다. 그러므로 내가 지낼 공간에 대해서 진지하게 생각해 보는 시간은 자체로 의미가 있다. 각자의 삶의 방식과 가족 상황에 맞는 목표와 이상을 그리며, 그 모습을 상상하고 하나씩 준비해 나가다 보면 점차 나아질 것이라 믿는다.

3.

해뜨기 직전

하늘은 새벽이 오기 전에 가장 깜깜하다. 인생에서 중요한 변화를 맞이하려고 할 때, 운명의 장난처럼 어두운 터널에 갇히기도 한다. 나는 신혼 희망 타운에 당첨되고 한동안 들뜬 마음으로 지냈다. 태어나서부터 오랫동안 살던 고향을 떠나려니 살짝 아쉬운 마음도 들었지만, 새로운 곳에서의 출발이 설레기도 했다. 그러나 모든 게 순조롭게 딱딱 맞아떨어지지는 않았다. 입사가 먼저 된 나는 신혼 희망 타운에 들어가기 전까지 1년가량 지낼 임시 거처가 필요했다. 입사 시기와 입주 시기가 약 1년가량 차이가 났기 때문이다. 원하던 공기업에 합격했지만, 지방에 살던 내가 서울 지역의 시험에 합격하게 되면서 쓸 수 있는 관사가 없었다. 서울에서 급히 거주지를 알아봐야만 했다. 하지만 원룸은 보증금으로 목돈이 묶이는 데다, 신혼희망타운 입주 전까지만 머물 예정이라 가전이나 가구를 새로 들이고 싶지도 않았다. 그래서 보증금 없이 월세만 내는 고시원 위주로 찾아봤다. 서울 고시원의 월세는 원룸만큼 비싼데도 고시원은 열악하고 좁았다. 그나마 프리미엄이라 불리는 고시원을 선택했지만, 겨우 2평 남짓한 공간에 칸막이로 나뉜 욕실, 침구, 책상, 옷장이 빼곡히 들어차 있었다. 그 좁은 공간에서 나는 불안과 희망이 교차하는 나날을 보냈다. 다행히 직장에서 도보 5분 거리였기에 출퇴근만큼은 편했다.

하지만 고시원이 주는 불안감과 새로운 일에 적응하는 스트레스는 점점 쌓여갔다. 업무 적응도 해야 하는데 자꾸만 미해결된 업무들이 나에게 주어져 도무지 짬을 내기가 어려웠다. 잘하고 싶은 마음에 스트레스는 쌓여갔다. 주방도 혼자 쓰는 공간이 아니다 보니 요리를 하기도 어려웠다. 그때 나는 25kg 이상 증량하면서 인생 최대 몸무게를 찍었다. 업무 및 고시원 생활의 스트레스를 배달 음식이나 포장 식사로 거의 때웠기 때문이다. 건강이 나빠지는 게 느껴졌다. 하지만 회복할 힘은 쉽게 나지 않았다. 머무는 공간이 주는 힘은 나를 무력하게 만들기 충분했다. 방 안의 공기가 탁했다. 처음에는 작은 공간을 깨끗하게 쓰려고 했다. 하지만 시간이 지나면서 점점 자잘한 생활품과 청소용품이 쌓여갔다.

층간 소음은 고사하고 벽 너머의 기침 소리까지 들릴 정도로 소음이 심했다. 그리고 나에게도 조용히 하라고 찾아오거나 쪽지를 붙여 놓는 경우도 많았다. 보증금 없는 월세 계약이다 보니, 주인은 틈날 때마다 조금씩 월세를 인상했다. 이러다 보니 집에서 가족과 편하게 통화조차 하지 못했고, 항상 주변 눈치를 살펴야 했다. 회사에서도 눈치를 보고 고시원에 귀가해서도 남들의 눈치를 봤다. 한번은 고시원 방에 쪽지가 붙어 있었는데, 변기 뚜껑을 살살 닫으라는 문구가 적혀있었다. 내 나름 모든 소음을 조심하고 있었던 터라 덜컥 서러운 마음이 들었다.

그 이후로는 사소한 일조차 신경 쓰며 살았다. 자연스레 말수가 줄고, 가능한 한 움직임도 줄였다. 주변 상황에 온 신경을 곤두세웠지만, 정작 돌봐야 할 나 자신은 방치되고 있었다는 사실을 그때는 알지 못했다. 그런 상황에도 일은 계속 다녀야 했기 때문에 점차 몸과 마음이 망가지기 시작했다. 어려운 업무 앞에서는 의지력, 정신력으로 버텼지만, 집은 점점 공간이 협소해졌고, 그 공간은 내 마음과 정신에 그대로 반영되었다. 나라고 그런 환경에서 나를 살게 하고 싶었을까? 아니다. 나도 쾌적하고 깔끔하게 살고 싶었다. 하지만 내가 가진 에너지는 한정적이었다. 이미 나는 여력이 없었고 나를 위해 뭔가를 할 의지가 나지 않았다. 회사에서는 극도의 긴장 상태에서 일을 처리하고 집에 돌아오자마자 어김없이 방전되어 쓰러졌다. 먹고 대충 치우고 잠들고, 출근하고. 1년을 그렇게 살았다.

악순환이 이어지다 보니 정신적인 문제로 인해 고시원 방이 어느새 쓰레기 방이 되었다. 배달이나 포장 음식을 먹고 대충 씻어 그대로 두기 일쑤였다. 분명히 있는 물건인데 찾기가 어려워 다시 그 물건을 샀고, 뭔가가 방안에 쌓여도 버려야 할 물건을 판별하거나 정리할 여력도 없었다. 나의 2평짜리 고시원은 책상은 물론 옷장, 바닥, 현관까지 발 디딜 자리조차 없었다. 그래서 상자를 침대로 올려두고 나가고, 다시 잘 땐 상자를 내려두는 식으로 최소한의 에너지만 썼다. 그래도 '1년만 버티면 벗어날 수 있다'는 생각 하나로 버텼다. 그런 환경에서 더욱 스트레스와 우울은 가중되었고, 내가 나를 방치하고 괴롭히고 있다는 생각에 자주 사로잡혔다.

이윽고 그곳에서 퇴거하던 날 나는 아빠를 불렀다. 이런 내 모습을 아무도 보지 않길 바랐지만 혼자 힘으로는 할 수 없어서였다. 아빠는 흔쾌히 와서 도와줬다. 그러나 고시원 문을 열고 아빠는 잠시 얼어붙었다. 잡동사니가 심각하게 쌓여있고, 쓰레기들이 산만하게 어질러진 방을 보더니 할 말을 잃은 표정이었다. 그러다가 묵묵히 청소를 하기 시작했다. 한참 후 아빠는 내가 이 고시원에서 혼자 아픈 시간을 보냈다는 게 느껴진다면서 끝내 눈물을 흘렸다. 어린 시절 거인처럼 강인하고 커다랗게만 보였던 아빠의 어깨가 떨려오자 나도 마음이 아팠다. 그리고 한편으로는 아빠의 눈물에 담긴 걱정과 사랑에 마음이 뭉클해지면서 내가 아빠에게는 여전히 소중한 사람이구나 하는 생각이 들었다. 그때 조금 위로를 받은 기분이 들었고, 다시는 이렇게 살지 않아야겠다고 다짐하게 되었다.

그때의 기억으로 새로운 집에서는 절대 그렇게 살지 말자고 다짐했다. 그리고 드디어 신혼희망타운에 예정대로 입주했다. 먼 이야기 같지만, 고작 몇 해 전 내 모습이었다. 현재는 되도록 내가 머물고 지나가는 공간을 정돈하려 노력하고, 내부가 비치는 이케아 장식장에 선호하는 물건을 보기 좋게 수납하면서 지낸다. 어쩌면 고시원 시절의 나를 잊지 않고 돌보면서 사는 건지도 모르겠다. 그때 그 어둠이 없었더라면 더 좋았겠지만, 그때의 힘들고 버티던 시절이 있어서 지금 내가 성취한 것들을 지키고, 가꾸는 동력이 되기도 했다.

우리는 인생에서 여러 번의 시련과 좌절을 겪는다. 당신이 만약 지금 본인의 모습이 전부인 것 같아서 더 무력해진다면 거기에 굴복하지 말자. 우선 제일 작은 것이라도 개선하기 위한 움직임을 해보자. 나도 경험을 해본 만큼, 사소하게라도 바꾸기가 쉽지 않다는 것을 물론 잘 안다. 외부 환경이 바뀌지 않으면 나아지기 힘들다고 느껴질 수 있다. 그래도 그 안에 있는 자신을 더 애틋하게 바라봤으면 좋겠다.

지금이 가장 어두워서 이 어둠이 평생 이어질 것 같은 불안이 생길 수 있지만, 마음속으로 되새기자. 해뜨기 직전에 내가 도착해 있는지도 모른다고, 이 어둠을 견디고 터널을 지나온 사람만이 새로운 가능성의 출발지에 설 수 있다고 말이다.

새로운 빛은 찾아온다. 반드시.

4.

정보 속에서 보물찾기

이제는 빅데이터의 시대를 넘어 인공지능의 시대가 도래했다. 우리는 스마트 통신기기뿐 아니라, AI 탑재 가전이 인기를 끄는 시대에 살고 있다. 세상에 정보는 넘쳐나고 이제는 정보 선별력과 선점 능력이 경쟁력으로 자리 잡았다. 데이터의 활용은 여전히 보안 문제나, 가짜 뉴스, 거짓 정보의 구별 등 다양한 장애물을 넘어야 하지만, 정확도가 점점 높아지고 있다는 데서 긍정적인 변화를 주고 있다. 세상은 정보에 민감하다. 트렌드를 놓치지 않으려고 매해 새로운 이슈를 찾고, 자기 분야의 전문지식을 업데이트하듯이 내 집 마련 역시 정보의 탐색과 비축이 필수다. 작은 정보 하나가 누군가의 인생을 바꿀 수도 있다. 나는 집을 마련하기 위해 애쓰는 과정에서 각종 공고문 읽기에 집중했다. 공고문을 제대로 정독하는 것만으로도 청약 제도와 이점 등 많은 정보를 얻을 수 있다. 해당 분야에 관심이 있어 부지런히 정보 수집을 하다 보면 충분히 파악할 수 있다. 게다가 요즘에는 와이파이가 되는 곳도 많고, 사용할 수 있는 지능형 플랫폼 무료 버전도 많으니, 경제적으로도 정보에 접근하기 쉽다. 특히 집을 마련할 계획이라면 꾸준하게 올라오는 청약 공고의 장점을 찾아보고 내 환경과 맞는지 따져보는 일이 중요한데 여기서 공급 시기나 청약 시 유의점 등은 정보검색과 공고문을 통해 확인할 수 있다. 청약 통장이 있다고 해서 그냥 무작정 청약을 넣으면 안 된다. 당첨되었는데 못 가면 힘겹게 유지해 온 청약 통장은 휴지 조각이 되고, 무순위로 청약해야 하므로 더 열악한 경쟁을 뚫어야 한다.

이처럼 정보를 수집하는 것은 가능과 불가능의 차이가 될 만큼 큰 차이를 불러올 수도 있다. 만약에 복지로 홈페이지를 통해서 내가 필요한 자료가 있다면 나는 필요한 자료를 알람 받기 설정을 해놓는다. 그러면 진짜 귀찮을 때까지 알림이 온다. 관련 자료들이 최근에도 몇 개나 왔다. 나는 서울의 아파트를 원했기에 서울시 알림톡을 설정해, 집 관련 공고가 뜰 때마다 다양한 정보를 받아볼 수 있도록 했다. 그러면 최신 아파트 순으로 계속 알림이 온다. 1년에 한 번씩 설정을 해놓으면 1년 내내 알려준다. 앞서 예시로 든 복지로 사이트에서도 다양한 정보를 볼 수 있다. 복지 포털에서 청약 정보 받아보기 알림 설정을 구체적으로 해놓으면 좋다. 나는 일단 공공기관 사이트를 많이 이용한다. 포털 사이트는 그냥 검색하고 개인 블로그는 참고만 한다. 나는 특히 공공기관 블로그를 많이 신뢰하고 공공기관의 정책과 자료들을 잘 보는 편이다. 또한 청년이라면, '온통 청년 정책'이라는 청년 정책 사이트가 따로 있다. 청년 정책 관련 정보를 받게 해 놓으면 끝이다. 오는 알림 중에 나한테 필요한 정보들이 있으면 링크 타고 들어가서 보면 된다.

나는 평소에 정보를 찾을 때 챗GPT와 인터넷 검색을 자주 활용한다. 지능형 플랫폼을 사용하여 정보를 수집할 때는 최대한 명확한 목적과 질문을 설정하려고 하며, 출처를 함께 요구한다. 내가 어떤 상황이며 어떤 자료가 왜 필요한지 구체적으로 설명해야 빅데이터도 정확한 정보를 제공할 수 있다. 그리고 구글 검색하는 중에도 내가 필요한 정보가 있으면 그 정보가 공신력이 있는지를 먼저 확인한다. 검색을 통해서 깊게 파고 들어가서 필요한 정보를 얻는다. 집요하게 찾아볼 필요가 있다. 검색은 누구나 하지만 겉 핥기로 대충 하는 경우도 많다. 검색은 내가 그 궁금증이 해소될 때까지 찾아야 한다. 거기에서 더 열심히 알아봐야 할 땐 청약홈이나 카카오페이 같은 플랫폼에도 '내 집 마련' 탭과 청약 알림 기능이 있다. 여기에도 청약 일정이 나와 있다. 설정만 잘 해두면 나한테 맞춤형으로 청약 정보를 알아서 불러와 준다. 금융 플랫폼에서 주는 정보를 다 활용하다 보면 공고는 언제든지 내가 원하는 때에, 원하는 정보를 찾아서 볼 수 있는 감각이 생길 것이다. 알림 신청할 때 조건 설정 탭이 있다면, 내 소득 및 자산 기준에 맞춰서 세부적으로 몇 제곱미터, 분양가 설정 등을 해두는 것도 괜찮다. 해당 청약 건이 오면 공고문을 보면서 청약의 정보를 모아가자. 중요한 내용이 깨알같이 작게 적혀있는 게 아쉽긴 해도, 공고문을 직접 확인하는 것이 가장 실용적이고 정확하다.

물론 정보 수집은 열심히 했어도 정작 활용을 못 하거나 정확한 정보를 자체적으로 필터링할 감각이 없으면 정보를 그저 쌓아두기만 하게 되거나, 혹은 서로 상충하는 정보를 접하게 될 때 더 혼란이 생길 수 있다. 정보가 왜곡되지는 않았는지 비판적인 접근을 해야 한다. 그리고 정보 제공자에 대한 조사 및 정보에 첨부된 자료의 유효성과 내용을 확인하는 것이 바람직하다. 나는 필요한 정보를 모아 뒀다가 어디에 뒀는지를 빨리 기억하는 편이다. 하지만 모아야 할 정보가 많다면 각각 한 범주 내의 정보를 분류하여 한 곳에 모아 두는 것도 좋다. 드라이브를 활용하거나 외장 메모리, 혹은 해당 키워드별로 윈도우 새 폴더를 활용할 수도 있다. 요즘은 AI가 정보 요약 및 필터링까지 해주지만, 정확한 필터링을 위해서는 특정 속성과 핵심 정보를 정확히 인지하고 있어야 한다. 그러니 정보는 잘 찾을 수 있는 곳에 있어야 하고, 또 내가 수집한 정보가 정확한지를 끊임없이 의심할 수 있어야 한다. 정보라는 게 잘 찾으면 약이고, 잘못 찾으면 도리어 독이 될 수 있음을 명심하자.

물론 상황에 따라서 당장 집을 살 것도 아닌데 주거 관련 정보를 찾고 모아야 하나 싶은 사람도 있을 것이다. 내 집 마련이 멀게 느껴질 수도 있고, 이미 포기한 사람도 있을 수 있다. 나도 처음에는 그랬었다. 하지만 집뿐 아니더라도 일상에 도움이 될 만한 유익한 정보를 알아두면 실생활을 더 풍부하게 할 수 있다. 과잉 정보 사회라지만 정보를 적당히 활용하면 내 자산으로 만들 수 있다. 아주 가깝게는 지자체 평생학습 교육 강의를 잘 찾아보면 학원에서 몇십만 원 주고 배워야 하는 고급 강의를 무료로 들을 수도 있다. 실무에 바로 적용되는 엑셀 강의나 돈을 내고 배우기에는 부담되었지만, 관심이 있었던 취미나 전문 강의 등을 미리 개괄적으로 배울 수 있다. 나는 최근에도 여성 인력 개발 센터에서 운영하는 초콜릿 만들기 수업을 수강했다. 재료비만 가지고 가면 되는 것이라 좋았다. 밸런타인을 기념하고 싶은데 의미도 만들고 싶은 나에게는 최고의 강의였다. 남편에게 선물로 주니 좋아했다. 뿌듯한 순간이었다. 공공기관 프로그램을 통해 다양한 운동과 취미를 즐기는 이들도 많다. 먼저 찾아보고 신청하는 사람과 그렇지 않은 사람 사이에는 삶을 바라보는 시선과 경험의 누적에서 차이가 생긴다. 정보의 홍수 속에서 지금의 나에게 경제적·정신적으로 실질적인 도움이 되는 정보가 무엇인지 따져보고, 그것을 현명하게 활용하길 바란다.

정보를 모으는 일은 단순한 준비가 아니라, 나 자신에게 주도권을 되찾는 과정이었다. 늘 불안에 휘둘리던 내가, 아주 작은 정보 하나를 통해 삶의 방향을 스스로 결정할 수 있다는 감각을 조금씩 회복해갔다. 정보는 단순한 데이터를 넘어서, 내 삶을 가꾸기 위한 실천이면서 내가 나를 돌보는 방법이기도 했다. 정보를 모으는 일은 능동적으로 길을 만들어가는 일과 같다. 나는 정보를 찾아내고 정리하면서 내가 내 삶의 설계자가 되어가는 느낌을 받았고, 그 과정에서 천천히 회복할 수 있었다. 불안에 휘둘리기만 하던 내가 삶의 방향을 스스로 결정하고 나아가기 시작한 것이다.

5.

조건은 맞추라고 있는 것

처음 내가 청약 통장을 만들게 된 계기는 단순했다. 십몇 년 전 통합형 청약통장이 처음 나왔을 때 일이다. 아빠는 아는 은행원의 실적을 채워주기 위해 2만 원을 넣어 내게 줬다. 그게 청약 통장의 시작이었다. 나는 오랫동안 청약 통장에 2만 원씩 넣어왔다. 큰 금액을 넣는 것은 아니니 부담이 되지는 않았다. 우리나라 청약 제도는 내 집 마련을 지원하고, 투기를 억제하며 동시에 주택 공급의 효율성을 높이기 위해서 도입된 제도이다. 청약에 대해서 익히 들어는 봤지만, 청약을 막연히 멀고 어렵게 느껴졌다. 하지만 나는 오래 찾고 공부한 내용을 바탕으로 계획하여 청약에 한 걸음씩 도전했다. 이후 청년 정책들이 쏟아져 나오면서 청년 우대형 저축 통장이 출시되었다. 높은 금리와 만기 시 비과세, 심지어 소득공제까지 파격적인 혜택이었다. 그래서 나는 청년 청약 통장으로 전환해서 가입했다. 처음에는 조건이 안 됐다. 그래서 조건을 맞췄다. 일을 하는 1인 가구면서 3,500만 원 이하의 소득이어야 한다는 요건 등이 있었다. 나는 급여가 기준을 애매하게 넘었고, 실제로 고시원에서 혼자 살고 있었지만 주민등록상 주소 이전을 하지 않은 상태였다. 나와 같은 상황이면 '에이 안 되네' 하고 포기할 수도 있다. 하지만 내 생각은 달랐다. 조건은 맞추라고 있는 것이다. 만일 전입신고를 미루고 있었다면 이참에 처리할 수도 있고, 연봉을 3,500만 원 이하로 벌어야 한다면 이직 타이밍을 노려서 소득 조건 역시 적합하게 맞출 수 있다. 그런데 요즘은 그런 수고까지도 할 필요가 없다. 내가 가입했을 당시보다 요건이 더 완화되었고, 긴급자금이 필요할 경우 일정 금액을 대출받을 수 있어 중도 포기하지 않도록 제도가 개선되었다. 이미 청년 우대형 통장을 들고 있으면 자동으로 신규 조건으로 전환된다고 하니 조건에 해당하는 사람이라면 안 할 이유가 없다. 그러니 무작정 포기하지 말고, 조건을 맞출 수 있는지를 먼저 검토해 봤으면 좋겠다. 여러 제도 중에 나는 신혼부부 특별공급 청약을 했는데 신혼부부 특별공급 제도가 참 좋았던 게 요새 신혼부부가 많이 없어서 경쟁률이 낮았다. 제도와 경쟁률에 따라서 잘 선택하는 것도 전략이다. 한편 내가 만약에 자산이 6억이 넘게 있고, 대출도 필요가 없는 상황이라면 까다로운 조건을 맞출 필요가 없을 것이다.

원하는 아파트의 알림이 뜨면 공고를 반드시 열람해 보자. 혹시 모른다. 그 공고문 안에서 특정 타입은 중도금 집단 대출을 제공하며, 해당 기간 동안 무이자 융자를 해준다는 문구를 발견할 수도 있다. 내 아파트 역시 중도금 무이자 아파트다. 대출받을 여건이 되는지, 된다면 시기는 어느 때인지 확인하는 습관을 들이면 좋다. 입주 시기가 너무 늦거나 빠르지는 않은지 무조건 공고를 읽고, 내 상황과 맞춰보는 연습을 해야 한다. 보통 공고는 PDF 파일로 공고 요약문 상단에 첨부되어 있다. 나는 공문을 읽다가 모르는 단어나 낯선 제도가 나왔을 때는 바로바로 챗지피티로 찾아보면서 계속 읽었다. 그리고 어떤 평형에 청약을 넣을 수 있는지를 파악한 후에 청약을 넣었다. 무작정 명품 아파트니까 믿고 넣자거나, 방이 많으면 좋으니 큰 평수를 선택하자는 식으로 섣부르게 결정하면 나중에 크게 후회할 수 있다. 분양가를 확인하지 못한 채 청약에 당첨되고 나서야 가격이 20억이라는 사실을 알게 된다면 어쩔 것인가. 그렇게 되면 이미 가진 돈이 많은 사람을 제외한 대다수는 무리해서 대출을 끌어온다고 해도 본인 몫의 부담금을 내기가 어렵다. 결국 못 가는 상황이 발생한다. 그것도 청약 통장의 효력까지 잃어가면서 말이다. 그러니 공고를 보고 몇 평이 있는지 여러 타입을 확인하고, 청약 금액은 얼마인지 확인하고, 대출 한도를 고려하여 이 정도면 괜찮겠다, 하는 개인만의 기준이 있어야 한다.

청년 청약 통장을 활용하는 방법은 먼저 주 사용 은행 사이트에 들어가서 청년 통장이 대출 연계가 되는지 살펴보고 관련 내용을 숙지하는 것이다. 청년 청약 통장은 타 대출에 비해서 금리가 낮다. 예를 들어, 2.2%의 낮은 금리로 분양 대금의 80%까지 대출이 가능하다면 그에 맞는 집을 선택하면 된다. 이 부분은 그때 정책에 따라서 달라진다. 이후에는 해당 조건에 맞는 집을 찾아, 그 청약 통장으로 실제 당첨되어야 한다. 예로 6억 이하로 당첨이 돼야 하고 평형도 $85\,m^2$ 이하여야 되는 등 추가적인 조건이 붙을 수 있다. 채용 공고도 마찬가지지만 조건을 써놓은 이유는 해당 조건에 맞추길 원하기 때문이다. 이래서 정보는 중요하다. 물론 모든 조건을 다 갖춘 집을 찾는 일은 어렵다. 애초에 작은 평수의 아파트라도 서울은 6억 이하가 어렵다. 하지만 지어진 아파트 평형이 모두 큰 것만 존재하는 것은 아니고, 해당 단지가 아예 없으라는 법도 없다. 그러나 정말 바늘구멍이라 더더욱 조건을 맞춰야 된다. 그래서 자금 마련 계획도 꼼꼼히 세워야 되지만, 대출로 가능한 집을 먼저 잘 알아보고 적절히 플랜을 짜서 청약을 넣어야 한다. 나는 청약 관련해서 은행 플랫폼 청약 정보나 청약 홈페이지 사이트를 수시로 들어가 봤다. 저축과 병행하며 정보를 모았다. 그래서 비로소 기회가 왔을 때 놓치지 않고 잡을 수 있었다.

여전히 청약이 어렵고 두려운 청년들에게 나는 예산이 충분할 때 공부를 시작하지 말고, 아직 경제적으로 준비가 안 되었더라도 조금씩 관심을 두고 공부해 나가길 바란다고 말해주고 싶다. 자신에게 가점으로 작용하는 조건들을 하나씩 충족시켜보자고 응원하고 싶다. 불안에 대비하는 사람이 되자. 공부와 준비는 불안함을 떨칠 수 있는 가장 좋은 방법이다. 조건이 어렵다고 포기하지 말고 조건을 맞추는 사람이 되자. 청약 제도에 대해서 어떻게 생각하냐고 누군가 묻는다면 나는 잘만 활용하면 누구나 집 한 채를 가질 수 있도록 해놓은 시스템이라고 답한다. 그러니까 각자 자신의 상황을 냉철하고 객관적으로 판단하여 청약 제도를 잘 활용하였으면 좋겠다.

6.

내 집 마련이 힘든 현실적인 이유

많은 사람들이 내 집 마련을 꿈꾸지만, 오르는 금리와 소득 격차, 들썩이는 부동산 경기, 기승을 부리는 전월세 사기 등 사회에는 다양한 주거 관련 이슈가 존재한다. 또한 소득의 불균형으로 고정적인 저축이 힘든 사람들도 있고, 청약에 성공한다고 해도 금액 및 평수 제한의 문제로 인해서 실제 입주까지 이어지기 힘든 경우가 많다. 특히 서울에는 공급보다 수요가 몰리기 때문에 청약 매물에 당첨되는 일 자체가 어려운 실정이다. 게다가 정책의 불확실성으로 투기적인 성격의 수요가 증가하고 세금 부담도 커졌다. 경기가 어려워지면서 전체적으로 고용불안이 지속되고 있고, 집값이 소득에 비해 월등히 높아서 평균 직장인에게 내 집 마련은 뜬구름처럼 아득하다. 대출을 받더라도 대출 규제로 인한 금액 제한이나 막대한 대출 상환에 어려움이 있어서 장벽도 높다.

나도 처음에는 내 집 마련할 생각을 하지 못했다. 오랫동안 낡은 소형 임대 아파트에서 살았고, 고시원을 거쳐 현재는 신혼부부 희망타운에 지내고 있다. 나는 안정적인 주거를 획득하여 미래의 불안을 덜고 싶었다. 내가 청약을 공부하고 도전한 것도 언젠가 기회가 다가왔을 때 놓치지 않을 수 있을 것 같아서였다. 집을 마련하는 일이 나에게는 확실한 심리적 안정을 주었다. 내게는 주인의 사정이나 기간 만료에 따라서 이사하지 않아도 될 집, 언제든 쫓겨나지 않을 집이 필요했다. 집에 대한 열망은 열악했던 고시원에서 살아보는 경험을 통해서 더욱 단단해졌다. 나를 담고 있는 공간이 곧 내 정서인데 그 공간에서도 자유롭지 않다면 어떤 방식으로든 좋지 않은 영향을 받는다는 것을 알았다. 나는 내가 마음 놓고 살아갈 집이 절실하게 필요했다.

한국은 최근 몇 년 동안 주택 가격 급등과 공급 부족, 투기 및 소득 불균형 등으로 인해 집값이 몇 배씩 치솟았다. 인플레이션 수준만큼만 올라도 주택을 구매하기 어려운데, 실제로는 기하급수적으로 매매가가 올라 더욱 많은 사람이 내 집 마련을 포기하고 있다. 청년들은 이미 경쟁에서 사다리 걷어차기를 당해서 밀리고, 역사상 최대의 실업난을 겪고 있으며, 치솟은 집값과 물가에 하루하루 살아가는 것이 버거운 게 현실이다. 비단 청년층만의 문제가 아니다. 무주택 중·장년층 및 1인 가구 역시 정책에서 쉽게 제외되면서 주거 복지 사각지대에 있는 경우가 많다.

더구나 심각한 문제 중 하나로 전세 사기 피해 사건이 대두되고 있다. 이런 이유에서 청년층은 큰 빚을 떠안게 되고 평범하게 살겠다는 희망은 자꾸만 미뤄지는 것이 현실이다. 월세가 부담돼서 가는 곳이 전세인데 악질적인 전세 사기 사건이 많고, 피해자 수와 피해 액수도 엄청나다. 하지만 우리는 이런 세상에 맞서서 살아가야 한다. 그러니 목돈이 들어가는 무언가를 할 때는 지나치게 신중할 필요가 있다. 전세를 구할 때 내가 잘 모를수록 전문가에게 자문을 의뢰하거나, 꼼꼼히 따져보고 끝까지 의심해야 한다. 그래도 작정한 사기꾼을 이길 수는 없을 것이다. 요즘 청년들은 이미 똑똑해서 부동산 말만 믿지 않고 오히려 공공기관에서 LH 장기 전세 임대, 청년 전세 정책들을 활용한다. 하지만 정부 임대주택도 일부는 주인들이 전세 사기를 쳐서 구제받지 못하는 경우도 많다. 청년들을 상대로 사기를 치는 현실이 참 씁쓸하고 괘씸하다. 여전히 세상 어딘가에서는 소리 소문 없이 전세 사기 피해자가 늘어간다.

이러한 복합적인 이유로 청년부채 역시 높아지고 있다. 가계부를 쓰기도 전에 대출 상환 계획서를 쓴다. 상환일지가 저축 일지보다 더 친숙한 것이다. 정책이 시행된 초반에는 청년 임대 조건 자체가 까다로워 주인들이 기피하고, 국가의 제도를 쓸 수 있는 매물 또한 많지 않았다. 청년 전세 임대를 하려면 조건 중에 그 집 담보율이 낮아야 하는 부분이 있었다. 조건을 완화하면 악용하는 사례가 생기고, 조건을 강화하면 해당하는 집이 없는 아이러니가 발생했다. 청년들 측에서는 일단 당장 부담이던 월세를 안 낸다는 생각에 그동안 모은 돈과 무리한 대출까지 받아서 진행하는 경우가 많다. 그런 절박한 심정은 이해가 되지만, 내게 소중한 돈일수록 더 면밀하고 안전하게 자료를 수집하고 의심을 놓지 말아야 한다. 보다 근본적인 해결책은, 국가가 전세 사기에 대한 처벌을 강화하고, 피해자들이 다시 재기할 수 있도록 실질적인 구제 지원제도를 확대하는 일이라 생각한다.

모두가 내 소유의 집을 마련하려고 힘쓰는 건 자산을 증식하려는 목적도 있겠지만, 많은 경우 주거 불안을 해소하고 싶은 이유도 있을 것이다. 임대료가 상승하여 계약 만기가 다가오면 불안하고, 집주인 역시 경제 상황에 맞게 자주 바뀌니, 언제 집을 비워줘야 할지도 알 수 없다.

외국은 어떨까? 미국은 '주택 바우처 프로그램'을 운영한다. 저소득 신청 가구가 30%의 부담을 하면 나머지는 정부가 지원하는 셈이다. 그리고 독일은 집을 사는 것보다 장기 임대를 선택하는 비율이 높다. 임대료 규제가 있어서 비교적 안정적이고, 기간이 길며, 임대차 보호가 잘 되어 있어 주거권 보장에 중점을 둔다. 이외에도 싱가포르는 국민의 80% 이상이 공공 주택에 거주하고 신혼부부나 실제 거주자가 우선시 될 수 있도록 국가가 직접 분배한다. 물론 국가별 소득 격차나

재정 부담 등의 차이는 존재하지만, 우리나라 역시 충분히 참고할 만한 사례들이다. 국가에서 공공 임대주택을 늘리고 다양한 형태의 임대 제도를 통해 내 집 마련을 원하는 이들에게 징검다리가 되면 좋겠다. 하지만 여전히 공급은 적고, 공급 경쟁을 뚫고 가야 하는 게 현실이다.

그렇다고 우리도 손 놓고 가만히 있을 수는 없다. 이 세상은 아무것도 하지 않으면 아무 일도 일어나지 않는다. 임대로든 소유로든 주거가 안정되어야 생활의 질이 올라간다. 주거 불안이 어느 정도 해소되면 집에 대한 애착과 소속감이 생기고, 그러다 보면 삶을 가꾸는 일에 더 주도적으로 행동하게 되고, 주택 마련이 아닌 다른 일들에 집중할 수 있다.

그러니 섣불리 가능성을 차단하거나 포기하지 말고, 우리가 할 수 있는 방법으로 어떻게든 준비해서 일어나 보자. 우리가 할 수 있는 일에 집중해야만 한다.

구조적 한계는 분명히 존재한다. 그러나 그 안에서 내가 선택할 수 있는 여지를 찾아갈 때마다 나는 조금씩 내 삶에서의 주도권을 되찾을 수 있었다. 우리의 현실이 복잡하고 때론 절망적으로 느껴지더라도, 그 안에 틈은 있다. 포기하고 싶을 때에도 나는 한 번 더 질문했고, 주저앉고 싶을 때면 그 마음을 꾹 누르고 한 번 더 움직였다. 그렇게 해서 나는 결국 '내가 살고 싶은 삶'에 조금 더 가까워질 수 있었다. 눈앞의 벽을 보고 포기하지 않는 것. 작은 틈을 발견해 개척하는 것. 그 결과 나는 언제든 머무를 수 있는 나만의 공간을 마련하게 되었다.

7.

내 집 마련이 가능한 현실적인 이유

아무리 집값이 오르고, 규제가 심해져도 누군가는 이미 자신의 명의로 집을 가지고 있고, 누군가는 그 시기에 집을 마련한다. 집을 가진다는 건 어떤 의미일까? 과거에 내가 거주했던 곳들은 모두 내 소유가 아니었다. 그래서 늘 궁금했다. 지나다니다 보면 이렇게 집이 많은데 왜 내 집은 없는 걸까? 대체 무슨 일을 하는 사람들이 이런 좋은 집에 살고, 또 사고파는 걸까? 그리고 값비싼 신축 분양 청약은 왜 그렇게 사람이 몰리는 걸까? 다들 나와는 다른 시스템으로 돌아가는 세상에 살고 있는 건 아닐까, 하는 엉뚱한 생각을 한 적도 있었다. 내가 주택 마련에 대해 진지하게 고민하지 않았던 시절에는, 그런 의문들이 그저 스쳐 가는 궁금증에 불과했다. 하지만 나는 공기업에 근무하면서부터 자본 소득을 만들어야 한다는 진지한 생각이 들었다. 주변에서도 주거를 취득하는 것 이상으로 투자가치 면에서 내 집 마련이 중요한 이유에 대해 말해주었다. 아파트와 건물, 토지 같은 부동산은 급여나 현금처럼 유동적으로 사라지는 것이 아닐뿐더러, 집값이 경기에 따라 오르내리더라도 미래 시점에서 보면 결과적으로는 오를 거라는 이유였다. 똑같은 시기에 입사했어도, 집을 가지고 있는 사람과 아닌 사람의 소득 격차는 미래에 많이 벌어진다. 나는 내 집 마련할 수 있는 현실적인 방법을 고민하기 시작했다. 그렇게 점차 주택 마련에 꿈이 생기고, 주택 공급에 관심이 생기다 보니 관련한 뉴스나 이야기가 예사롭지 않게 들려왔다. 내가 들으려고 작정하니, 세상은 내게 훨씬 많은 것을 말해주기 시작했다.

　신혼 희망 타운은 청약과는 무관하며 동시에 무관하지 않다. 임대주택이 청약과 무관하다고 말한 이유는 임대 아파트는 청약의 조건과 다른 방법의 접근이 필요하기 때문이다. 남편과 나는 당시에 내 집 마련을 꿈꾸며 LH 홈페이지에서 신혼부부 신혼 희망 타운을 알아봤다. 어쩌면 이 제도가 혼인신고 후에만 신청 가능하다고 생각할지도 모른다. 하지만 실제로는 예비 신혼부부라는 조건만 있어도 지원이 가능했다. 한동안 자료를 모으면서 제도를 공부하고 있을 때, 서울에 있는 신혼 희망 타운 임대 공고가 나왔다. 공공 임대 제도인 신혼 희망 타운은 임대로 6년 간 살 수 있었다. 여기에서 아기를 낳으면 4년이 더

해져서 10년까지도 살 수 있었다. LH 신혼 희망 타운은 청약 통장과 상관없이 소득을 맞춰야 한다. 연봉은 중위소득 이하로 벌면서 막상 계약하려면 돈은 있어야지 들어가는 조건이다. 나는 신혼 희망 타운에 당첨이 되자마자 계약금을 바로 넣었다. 정말 다행인 건 계약금은 애초에 내가 은행을 다니면서 꾸준히 넣은 적금이 있었기에 기회가 왔을 때 포기하지 않을 수 있었다.

신혼 희망 타운에 들어가는 것이 청약과 무관하지 않은 이유는 임대 기간에 주거 걱정 없이 주거 자금을 모을 수 있는 기회가 되기 때문이다. 이곳은 이름 그대로 희망으로 미래를 생각할 공간이 되어주었다. 혹시 나와 같이 집 문제로 결혼을 망설이는 사람이 있다면 국가 신혼부부 임대제도를 민감하게 섭렵하고 조건에 맞춰서 도전해 봤으면 좋겠다. 사람이 마음이 급하면 실수하기 쉽다. 차분히 오래 알아보아야 한다. 여러 공고를 보면서 내 자금의 계획을 구체화하고, 추후납부 가능 여부도 파악해 자금 흐름을 관리하는 것이 좋다. 아무래도 과열지구는 규제도 있고 청약했을 때 대출 제한도 있다 보니, 추후납부가 어려운 경우도 있을 것이다. 그러니 본인이 원하는 게 있으면 내게 도움이 되는 것과, 내가 미리 준비할 조건들을 정확히 숙지하고 있어야 한다.

신혼 희망 타운이 아무리 좋아도 어쨌거나 기한부 임대이기에 나는 내 집 마련이 필요했다. 그래서 실제 청약을 공부하고, 신청하고, 당첨되었다. 청약에 당첨된 집은 지어지고 있는 중이라서 아직 신혼 희망 타운에 살고 있다. 나 역시도 내 집 마련에 대한 막연한 꿈은 있었지만 이렇게 빨리 청약에 당첨 될 거라는 것은 예측할 수도 없었다. 심지어 청약을 넣는 그 순간까지도 '이게 되겠어? 그래도 넣어야지, 어떡하겠어.' 하면서 넣었다. 애초에 청약에 100% 당첨이 될 거라는 생각을 하고 청약을 넣는 사람은 없을 것이다. 청약에 당첨되기 위해 지역을 무작정 넓히는 전략은 나는 추천하지 않는다. 왜냐하면 살아가는 일과 생활권이 무엇보다 중요하기 때문이다. 개인적으로는 집보다는 일단 생활비가 나오는 직장이 더 중심이 되는 게 맞다고 본다. 직장이 서울이면 서울뿐 아니라 서울 근교로 알아볼 확률이 더 높다. 청약 공고문을 볼 때 중요하고 내가 특별하게 생각하는 부분은 평형이나 청약 금액은 물론 해당 지역에 대한 이유다. 직장과 가까운 지역인지 파악하고, 내가 그곳을 가려는 이유가 명확해야 한다. 전혀 연고가 없는 곳인데 좋은 조건이라는 이유만으로 떠나서 살 수는 없기 때문이다. 그래서 나는 처음에 고려한 것이 지역 ⇨ 그리고 내 자금 사정으로 청약 가능 여부 ⇨ 마지막으로 입주 시기를 파악했다. 그렇게 살펴보고 난 이후에 내가 입주 자격에 부합하는지 세부적으로 꼼꼼하게 파악하고 준비해야 하는 것이다.

결론적으로는 자신의 상황에 맞는 주거 환경을 객관적으로 파악하고, 목표 설정과 끊임없는 관심을 가지라고 말하고 싶다. 막상 어디서부터 공부해야 할지 모르겠다면 내게 도움이 된 사이트를 소개할 테니, 필요한 자료가 있을 때 자주 방문해 보는 것도 추천한다.

먼저 익히 들어봤을 LH(한국토지 주택공사)는 한국 국토정보를 관장하면서 국민의 주거 관련 혜택과 정보, 투자와 경제성장에 기여하는 곳이다. 특히 메인에 청약 자료도 유용하지만, '내집어디'라는 탭을 통해서도 향후 토지 활용 계획 및 주거 관련 공급 예정 시기나 면적 일정을 미리 파악할 수 있다. 그러니 자신의 자금 사정에 맞춰서 향후 2년, 3년, 5년 이내로 필터화시켜서 좀 더 가까운 정보를 얻을 수 있는 셈이니 활용해 보면 좋겠다. 또한 목표가 서울을 포함한 수도권이라면 SH(서울주택도시공사)와 GH(경기주택도시공사)도 참고해 볼 만하다. 여기는 서울/경기 지역 공공분양, 임대주택, 신혼희망타운 공고와 각 지역의 특화된 주거복지 프로그램을 확인할 수 있다.

다음으로 청약을 신청하고 확인할 수 있는 청약홈 사이트다. 여기에 가점 계산기도 있고, 지역별·유형별 분양 공고나 경쟁률을 확인할 수도 있고, 자신의 상황에 맞춰 소득, 자산 기준 등 입력하면 자동으로 점검해 주는 서비스도 있다.

마지막으로 국토교통부 실거래가 공개시스템도 소개하고 싶다. 인터넷에 올라온 매물의 실매매 거래가를 확인할 수 있다. 전세 시세 분석 및 매물의 시세 판단에 유용하고, 시세보다 높거나 낮다면 전세 사기를 의심해 볼 수도 있는 판단의 기준이 된다.

이 밖에도 주택도시 기금 포털(디딤돌, 버팀목 대출 등)에서 대출 가능 자금 확인 및 대출 한도 금리 계산이 가능하고 대출 자격 점검을 해 볼 수 있으며 부동산 플래닛, 호갱노노, 직방, 네이버 부동산 등을 참고하여 분양 예정 단지 정보나, 실제로 매물에 대한 후기, 단지별 시세, 학군, 교통정보, 지역과 단지의 장단점 등등을 파악할 수도 있다.

나는 계속 자료를 공부하고 모으던 중에 마침 서울에 LH 공고가 떴다. 만약 청약에 실패했더라도 나는 계속 공부하고 정보를 찾고, 도전하기를 반복했을 것이다. 이 글의 요지가 꼭 내 집 마련할 유일한 방법이 청약만이 길이라고 말하는 건 아니다. 다만 내가 해본 내 집 마련의 길이 청약이라서 청약이라는 방법도 있다는 것을 알려주고 싶을 뿐이다. 주거 불안으로부터 해방되기 위한 작은 날갯짓이 해방의 역사를 새로 쓸 실천임을 기억하고, 공고문을 읽는 습관부터 시작해 보자. 어떤 제도가 나에게 유리한지 알아보는 그 감각이, 당신을 안전한 삶으로 이끌 것이다.

계층이동의 사다리는 감춰져 있을 뿐, 사라진 게 아니다. 찾을 마음이 있는 사람만이 그 사다리를 발견한다.

8.

기회를 준비하는 사람

괴테는 "하늘은 필요할 때마다 은혜를 베푼다. 신속히 이것을 포착하는 사람은 운명을 개척한다."라고 말했다. 기회는 예고 없이 찾아오고, 우리는 종종 준비되지 않은 채 그것을 놓친다. 나의 경우에는 영어가 그랬다. 살면서 영어 관련 우대조건을 볼 때마다 내가 미리 영어를 준비했더라면 하는 아쉬움이 있기도 했다. 또한 공무원을 준비하던 시절에 군인 공무원 시험에 응시했던 적이 있다. 그때 한번은 최종 면접까지 갔었다. 하지만 그때 내가 면접 날 자신감만 들고 갔던 게 화근이었다. 군인 공무원 면접장은 공기부터 무겁고, 사람들의 말투조차 날이

서 있었다. 공무원 준비에 매달리느라 독서다운 독서를 하지 못하던 그런 시기였다. 면접관은 나에게 가장 최근 감명 깊게 읽었던 책이 무엇이냐고 물었다. 나는 책을 잘 읽지 않지만, 스트레스를 받으면 만화책을 본다고 얼결에 솔직하게 대답했고, 결과는 면접전형 탈락이었다. 뭔가 부끄러웠다. 그때 내가 만약 면접을 보기 전에 예상 질문을 공부하고, 좀 더 체계적으로 준비했으면 최종 면접에서 합격했을지도 모를 일이었다. 그 이후 면접에 대해서 좀 더 각 잡고 공부해 나갔다. 직무와 연결된 경험 위주로 말하는 습관을 들였다. 그 덕분에 나는 이후 은행이나 공단 면접에서 기회를 놓치지 않을 수 있었다. 사람은 누구나 실패를 한 번씩 경험하면서 성장하는 것 같다.

내가 이룬 내 집 마련과 공기업 입사는 단순한 운이 아닌 시행착오와 노력의 산물이었다. 오랜 저축 생활, 꾸준한 금융 공부, 철저한 계획과 실패 분석 등등 내 경험에 대한 누적의 결과물이다. 요즘은 저축한 돈보다 빚이 있는 사람들이 더 많다. 더 안타까운 현실은 자의에 의한 빚도 있지만 타의에 의한 빚을 가지고 시작하는 일도 많다. 나도 부모님의 빚을 갚고 있다. 부모님은 사업이 어려워지자 나와 동생의 이름으로 빚을 냈다. 부모님은 나에게 빚을 물려줬지만 그럼에도 내 부모니까 애틋하고 고마운 복잡한 마음이 있었다. 나는 서울로 상경 후 빚 상환을 열심히 하고 부모님도 이자를 꼬박꼬박 잊지 않고 보내주었다. 원금 상환을 하면서 나는 아빠가 그동안 버텨왔을 가장의 무게를 알게 됐다. 이렇듯 나 역시 내 명의로 적지 않은 부모님 관련 대출이 있음에도 불구하고, 월급을 받을 때마다 저축하는 습관을 들였다. 대출은 대출대로 갚으면서 저축하려니 저축액이 적고 소소했지만, 그 작은 돈도 저축 만기가 될 때마다 미래를 준비하는 기분이 들어 뿌듯했다. 원금 이자율이 높다면 급여의 일부로 원금을 갚아 나가는 것도 큰 도움이 된다. 이자도 함께 줄어들기 때문이다. 그리고 저축으로만 둬도 나중에 기회가 왔을 때 유동 현금으로 쓸 수 있다는 장점이 있다.

저축의 핵심은 꾸준함과 체계적인 계획이다. 저축은 일상의 활력과 살아갈 이유를 준다. 우선 나는 일반 예·적금 뿐만 아니라 청년도약계좌, ISA 계좌, 연금저축, 저축보험, 청약 통장과 CMA 등 소액의 저축을 일상화하고, 목적별(내 집 마련, 비상금, 퇴직 연금)로 저축한다. 이때 저축도 요령이 있다. 롱런해야 하는 장기 저축에는 적은 금액을, 단기에 가까울수록 큰 금액을 투자하여 시드머니를 불리는 전략을 사용했다. 처음에는 딱 천만 원 모으기를 목표로 삼고, 월급에서 일정 부분을 아예 없다고 생각하고 모으는 것이 중요하다. 그렇지 않으면 나중에 모아야지 하는 마음은 나중이 되어서 또 나중으로 밀리고 만다. 나 역시 억척스럽게 절약을 하지는 않았고, 대신 사치를 하지 않았고, 기존에 있는 물품은 중복 소비를 줄였다. 소득이 들어오면 무조건 50%는 적금했다. 적금 비결은 바로 나눠서 하는 저축이다. 6개월, 1년, 3년~5년짜리 적금을 넣는다. 급여의 절반은 없는 돈이라 생각하고 나머지만 가지고 생활해야 돈이 모이고 가난에서 벗어날 수 있다. 여기서 금액을 나눠서 저축하는 이유는 중도해지의 상황을 피하기 위함이다. 그래서 5만 원만 넣어도 장기로 무조건 가져가는 통장이 있어야 한다. 단기, 중기, 장기로 나눈다. 장기는 적은 금액을 넣어야 삶의 변동성 앞에서도 해지하지 않고 쭉 가져갈 수 있다. 단기가 많이 모이면 중기로 넘기고 단기를 또 하나 더 개설하고 이렇게 해서 돈을 불린다. 돈이 100만 원 이상 넘으면, 소액이지만, 매일 복리로 이자가 붙는 CMA 계좌를 개설하여 단기 예금을 들어놓으면 된다.

또한 꾸준히 저축하기에는 돈도 부족하고 수입의 변동이 높은 사람도 있을 것이다. 그럴 때는 단기 예·적금을 활용하면 된다. 짧게 몇 개월, 혹은 1일짜리 예금도 있고, 26주 적금 등 잘 찾아보면 고정금리의 한 달 적금도 있다. 그런데 나도 1일짜리 적금을 들어보긴 했는데 여간 부지런하지 않으면 관리가 힘들다. 그래서 나는 월급날에 맞춰 30일짜리 예금에 자동으로 저축되도록 설정해두었다. CMA 계좌로 하면 또 장점이 이 금액으로 바로 투자도 할 수도 있다. 여기서 주의할 점은 100만 원 생겼다고 투자부터 하지 말고, 먼저 예·적금으로만 모아보고 그동안 공부한 것을 바탕으로 신중하게 투자하는 것이다. 돈을 꾸준히 모으고 있으면 부동산이든 주식이든 투자 기회가 생긴다. 1,000만 원을 모았다고 조급하게 투자하면 불안만 커진다. 투자 기회는 돌고 돈다. 그러니까 무조건 돈을 모으고 있어야 한다. 먼저 100만 원, 그리고 1,000만 원 그렇게 해서 3천만 원도 모아보고 5천만 원도 모아보고 1억도 모아보는 것이다. 그러면 그간에 투자 기회는 반드시 온다.

또 다른 방법으로는, 나이대별 지원제도를 잘 알아보라고 권하고 싶다. 예로 비과세 예금이나 청년 우대 이율과 같은 유리한 조건을 적극적으로 활용해야 한다. 당장 챙겨야 할 서류들을 귀찮다고 미루면 나중에는 먼저 했던 사람과 격차가 벌어지기 마련이다. 어떤 방식으로든 일단 저축하면서 자료를 수집하다 보면 모인 목돈은 나중에 기회를 만났을 때 빛을 발할 것이다. 집도 마찬가지다. 나는 집 마련을 위해 청약이 가능한 평형대를 분석하고 가점을 얻기 위해서 공고문을 읽고 지속적인 도전을 했다. 언제 기회가 올지 모른다는 희망으로 포기하지 않았다. 복권도 사두지 않은 사람이 당첨을 기대할 수 없듯이, 준비된 자에게 행운이 찾아오고 그때 비로소 기회가 된다.

경제 파동의 흐름에 따라서 투자의 기회는 금방 다시 돌아온다. 누군가가 비트코인 하다가 망했다, 어떤 주식 끝났다, 집값이 폭락했다, 이런 이야기가 나올 때가 투자의 기회다. 그럴 때 현금이 있는 부자들은 자신의 자산을 이득이 될 만한 곳으로 살짝 옮겨 놓는다. 저점을 알아볼 수 있는 안목도 물론 필요하다. 경제 시황이 어려울 때를 노려야 한다. 그러니 종잣돈을 마련해 놓는 게 제일 중요하고, 경제적으로 생각이 항상 깨어있어야 한다. 그러려면 돈을 공부하는 사람이 되어야 한다. 블로그, 책, 유튜브, 뉴스 등으로 금융 공부를 하고, 펀드나 주식, 코인도 소액으로 1주씩 매월 적립식 투자를 해봐도 좋다. 수익보다는 꾸준함에 의의를 두고 해 보는 것이 중요하다. 그리고 무엇보다 현재 경제 흐름을 잘 읽고 발맞춰 따라가야 한다. 그러다 보면 큰 기회가 반드시 온다. 아무리 경제 쪽으로 문외한이라고 하더라도 진짜 기회가 올 때는 아무도 모를 수가 없다. 비트코인 폭락할 때 전 국민 다 알았다. 나만 모르고 나만 아는 기회는 기회가 아니다. 1997년 외환위기(IMF) 당시, 막 금 모으기 운동을 할 때 매수하던 사람들은 지금 어떻게 되었을까? 그때의 금 시세가 저점이었다고 한다. 반대로 이제 막 비트코인이든 주식이든 남들이 사려고 할 때는 살 때가 아니라 팔 때다. 환희에 팔라는 말이 있다. 말은 쉬운데 내공이 없이 실천하기는 어렵다. 하지만 이 모든 투자의 기회는 저축 없이는 가능성도 없다는 걸 명심하자. 티끌 모아 티끌일 뿐이라고 누군가 말하더라도, 나는 오늘도 차곡차곡 쌓는다. 언젠가 그것이 기회를 부른다는 걸 아니까.

주변에 나의 성취를 알렸을 때, 단순히 운으로 치부하거나 시기하는 경우가 많았다. 운은 만들고 준비하는 사람의 것인데, 운보다 중요한 입력값(노력)은 보지 않는다. 운도 중요하지만, 운만으로는 절대 성공할 수 없으며, 반드시 자신의 노력이 필요하다. 극단적으로 말해 0.01%라도 노력을 투입해야 99.9%의 운이 따라올 수 있는 것이다. 하지만 내 주변 사람들은 내가 넣은 0.01%의 노력은 안 보려고 했다. 진지하게 묻지도 않았다. 나는 안타까웠다. 솔직하게 말해서 적극적으로 자신의 삶을 바꾸려고 해도 쉽지 않은 세상이다. 하지만 그렇다고 해서 타인의 성취를 두고, "너는 너니까 되고, 나는 나니까 안돼. 그건 다 네가 운이 좋아서 그런 거야."라고 단정하고 넘겨짚으면 곤란하다. 타인의 성공을 보고 방법론적으로 접근해서 내 삶에 적용할 부분은 없는지 적극적으로 찾는 게 중요하다.

누군가의 성취 과정을 자세히 들어보면 분명 나의 삶에도 적용할 수 있는 빛나는 교훈을 얻을 수 있을 테니 말이다.

9.

집이 주는 위안

비가 내리면 향긋한 커피를 내려 창밖의 풍경을 잠시 바라본다. 몇 년 전까지만 해도 상상하지 못했던 장면이 이제는 일상이 되었다. 창밖에 장대비가 쏟아질 때면, 비닐로 창을 막고 지냈던 지난날이 떠오른다. 이제는 단단한 창 안에 있다는 사실만으로도 마음 깊은 곳에서부터 감사함이 차오른다. 신혼 희망 타운 입주 후 내 마음의 변화는 확실했다. 어둠이 지나가고 밝은 날이 이어졌다. 게다가 이곳은 내가 노력하고 도전해서 얻어낸 공간이라서 더욱 뜻깊었다. 이곳에 이사오기 전에는 노후된 허름한 주택에 살았고, 소형 임대 아파트에 오래 거주했으며,

원룸 고시원에도 살았었다. 한데 신혼 희망 타운은 넓은 거실도 있고 방도 2개나 있어서 아늑하고 쾌적하게 느껴졌다. 내가 오래도록 꿈꿔 온 집은, 세상의 소란을 내려놓고 마음 깊이 쉬어갈 수 있는 안식처였다. 침대 밖은 위험하다고 생각할 정도로 나는 잘 정돈된 따뜻한 침구 속에서 쉬는 게 가장 이상적인 휴식이라고 생각한다. 그래서 집은 아늑해야 하고, 그 아늑함에는 불안이 없어야 한다. 지금 살고 있는 곳은 비록 신혼부부 임대 아파트이지만, 내 마음을 그대로 둘 수 있고, 나를 편히 쉬게 만들 수 있는 공간이다. 나를 어지럽게 하지 않는다. 나는 집에 대한 꿈을 꿈으로만 그치게 할 수 없었기 때문에 적극적으로 나서서 내가 살 집을 찾았다. 이곳은 내가 집을 마련하는 데에 아주 요긴한 중추 역할을 해주고 있다.

우리는 신혼 희망 타운이 완공되어 입주할 시점에 맞춰, 미리 계획한 대로 혼인 신고를 했다. 그리고 살림을 합쳤다. 연인 시절 밖에서 만날 때는 시간의 제약을 받았고, 항상 헤어질 시간이 다가오면 초조했었는데, 지금은 같이 집에 귀가하는 게 일상이 된 현실이 참 귀하다. 서로의 하루 끝에 만나 각자가 보낸 하루를 되돌아보며 이런저런 이야기를 나눈다. 남편과 온기 가득한 저녁밥을 함께 먹을 때마다 식구라는 말의 참뜻을 알게 된다. 이 집에서의 기억은 그렇게 매일 덧입혀지듯 차곡차곡 쌓여간다. 내가 웃고, 편히 쉴 집이 있다는 안정감은 미래를 더욱 희망적으로 계획하고, 긍정적으로 실행하게 하는 에너지를 만들어 준다. 이곳 신혼 희망 타운에서 나는 하루하루 다시 써가고 있다.

내가 지낼 공간을 이뤄냈다는 기쁨과 보람이 있었다. 신혼 희망 타운은 말 그대로 우리에게 미래를 꿈꿀 수 있게 해준 '희망' 그 자체였다. 누군가에게는 그저 서울의 작은 임대 아파트일지 몰라도, 내게는 분명히 빛이자 단단한 징검다리 역할을 해 주었다. 청약도 이곳에서 당첨되었다. 고마운 집이 아닐 수 없다. 앞으로 입주할 서울 신축 아파트에 대한 기대와 심리적인 안정감이 들었다. 그래서 여전히 열심히 일해서 잔금을 잘 치르려고 준비 중이다. 중도금과 잔금 로스가 나지 않도록 철저하게 납입 기일을 정리하고, 엑셀로 수입과 지출, 저축 등을 투명하게 정리하면서 자금을 관리 중이다. 남편과도 자주 자금 계획을 공유하며, 우리가 지금 어디쯤 와 있는지, 단기·중기 목표는 얼마나 달성되었는지 함께 점검하곤 한다.

스위스 출신의 유명한 심리학자 칼 융은 집을 '마음의 모델'이라고 비유했다. 이처럼 사람에게 집은 단순한 거주 공간 이상의 의미를 지니고, 확보된 공간은 마음의 여유를 확장한다. 나는 어린 시절에 부모님이 돈 때문에 서로 싸우는 모습을 많이 보았다. 그 모습을 보면서 나는 극도의 불안을 느꼈다. 물론 성인이 되면서도 각기 모양이 다른 힘든 시기를 통과했지만, 여러 노력을 병행하여 심리적으로 안정을 찾았다. 그리고 나니 마음의 안정이 가장 큰 자산이라는 것을 느낄 수 있었다. 결혼도 도움이 되었다. 나는 결혼 전과 후의 일상이 많이 달라졌다. 전에는 고향에 있는 가족들이 내가 포함된 가족 공동체였다면 이제는 새로운 나만의 가정이 생겨 일생의 큰 변화가 왔다. 원가족들과 살 때는 스트레스가 심했었다. 서로 경제 사정이 힘드니까 싸울 일이 많았다. 아버지의 전기 사업은 수익이 일정하지 않아, 자금 사정이 늘 들쭉날쭉했다. 사업상 갑자기 큰돈이 필요할 때도 있고, 남을 때도 있고, 다시 필요한 시기에는 또 돈이 부족해서 지켜보는 동안 불안정한 마음을 느낄 때도 많았다. 그러나 결혼하고 남편이랑 살면서부터는 큰 안정감을 느끼며 지내고 있다.

집은 삶을 담는 그릇이라고 한다. 우리는 미래의 집에서 일어날 소소한 일들을 상상하곤 한다. 현재 남편도 나도 공공기관에 근무하니 매월 안정되고 고정된 수입이 들어온다. 따라서 예측이 가능한 계획을 세우고, 자금을 운용할 수 있다. 남편과 함께하는 지금이 행복하기에, 이 소중한 일상이 언젠가 깨질까 봐 문득 두려울 때도 있다. 요즘 나는 결혼 전과는 달리 주체적으로 삶을 가꾸면서 살아간다는 기분을 느끼고 있다. 집에는 그 공간에 사는 사람의 기억이 스며든다. 지금은 집안에서도 남편과 내가 각자 자신이 잘하는 일을 분담하고 서로가 일하는 모습을 존중하면서 싸우지 않고, 즐겁게 시간을 보낸다. 오래 사귀니까 좋은 점 또 하나는 각자의 강점을 잘 알아서 큰 충돌이나 갈등 없이도 서로가 하는 일을 응원하고 존중해 준다는 것이다. 나는 생활비부터 적금, 투자 등 집안의 재정 관리를 맡고 있으며, 앞으로 우리가 어떤 방향으로 나아가야 할지를 큰 틀에서 구상한다. 그러면 남편은 성실하게 따라와 주고, 내 의견에 본인의 의견을 덧붙여주면서 우리의 목표는 좀 더 구체적인 그림을 그릴 수 있게 된다. 같이 살다 보니 서로의 힘을 모아 무언가를 쌓아가고 이뤄갈 때 뿌듯한 마음이 든다. 남편은 적극적으로 가사에 참여하려고 하고, 대화를 많이 나누니 집에서는 받는 스트레스가 없다.

물론 사회에서는 일을 잘하고 싶은 스트레스가 있지만, 회사에서 분주한 하루를 보내더라도, 집에 돌아와 온전히 쉴 수 있는 공간이 있다는 사실만으로 마음 한켠이 따뜻해진다. 미래를 생각하면 지금 더 노력해야 한다고 생각한다.

집이라는 물리적 공간도 중요하지만, 그보다 더 큰 의미는 함께 살아가는 사람에게 있다. 그 위에 자리한 진짜 '집'은 있는 그대로의 나를 품어주는 '나 자신'이라는 공간일지도 모른다.

앞으로 내가 원하는 삶은 젊었을 때 주변에 도움을 많이 주고, 노후에는 따뜻한 사람의 이름으로 기억되는 것이다.

그렇게 되기 위해 내가 할 수 있는 일은, 지금 이 자리에서 꾸준히 나를 발전시켜 앞으로도 누군가를 돕고, 또 도움을 줄 수 있는 사람이 되는 것이다.

5장

도전하는 마음을 위하여

1.

일단 시작하기로

세계적인 피겨 선수 김연아는 부상을 극복해 가면서도 빙상계에 한 획을 그었다. 그녀는 한 인터뷰에서 힘들어도 연습을 계속하는 이유가 뭐냐는 질문에 "그냥 하는 것이다. 다른 이유는 없다."라고 말했다. 이외에 많은 연예인도 실전에서 어떻게 연기를 잘해냈느냐는 질문에 "그냥 했다."라고 짧게 답한다. 내게는 그 한마디가 오히려 강한 동기부여가 되곤 했다. 이처럼 진리는 복잡한 곳에 있지 않다. 뭔가를 하기 전에 많은 생각을 하면 신중하고 정확하게 할 수 있을 것 같지만, 사실은 일을 지연하고 싶은 욕구가 발동한 결과인지도 모른다. 그래서 생각이라는 핑계로 할 일을 지연시키고 있지는 않은지 돌아봐야 한다. 또한 너무 오래 생각한 나머지 할 수 있었던 일도 하지 못하거나 비합리적으로 예측하고 겁먹어 포기하게 되는 경우도 종종 있다. 그러니 의욕이 생기기를 기다리기보다는 먼저 행동하다 보면 의욕이 따라온다는 것을 말하고 싶다. 행동은 뇌를 바꾼다고 한다. 행동하는 순간 해결되는 건 아니지만, 뇌가 변하면서 효능감이 생겨 더 잘 마무리할 방향을 찾는다. 그러니 엉성하더라도 시작하면, 몸과 마음은 알아서 그 끝을 향해 움직인다. 중요한 건 일단 시작하는 것이다. 그러다 보면 생각보다 괜찮은 결과물을 맞이할 때도 많다.

이 복잡한 세상에서 '도전하라'는 말은 때때로 무책임하게 들릴 수 있다. 도전을 위해서는 그만한 준비가 필요하고, 준비에는 시간과 돈, 에너지가 따른다. 게다가 도전을 결심할 수 있는 시기와 여유도 사람마다 다르다. 준비가 덜 되어도 '지금 할 수 있는 가장 작은 일'부터 시작해 보는 용기가 필요하다. 내가 말하는 "그냥 해."란 무모한 행동을 뜻하지 않는다. 지금 당장 할 수 있는 아주 사소한 일부터 시도해 보라는 의미다. 당신이 할 수 있는 범위 안에서, 판단보다 '시작'을 앞세워 보자. 그러다 보면 안 되는 이유보다 더 나은 방법을 고민하는 자신을 발견할 것이다. 또한 기회가 다가오면 망설이지 않고 잡을 수도 있다.

지금 현실은 불확실성과 실패에 대한 두려움으로 가득하고, 개인의 의지만으로 넘기 어려운 장벽들이 많다. 그렇다고 할 수 없는 것에 주저앉기보다, 지금 당장 할 수 있는 것부터 하나씩 해나가야 한다.

- 중요한 것은 "도전하는 태도"
- 작은 도전이라도 시작이 중요.

내가 감명 깊게 읽은 책 중에 스탠퍼드 대학교 성공심리학 강의를 녹여낸 40년간의 연구 성과가 담긴 캐럴 드웩 교수의 《마인드 셋》[1]이라는 책이 있다. 이 책에서 나는 내 생각과 많은 부분 일치하는 점을 찾아냈고, 또한 내 삶에 적용할 영감도 얻었다. 실패하는 사람과 성공하는 사람의 차이는 무엇일까. 결과적으로 말하면 선천적이지 않다는 것이다. 책을 읽으면 그 안에 여러 실패와 성공이 마음가짐으로 달라져 성패가 갈리는 것을 볼 수 있다. 그러니 타고난 능력은 변하지 않는다며 본인의 가능성에 선을 긋고 좌절하거나 포기하지 말고 얼마든지 성장 가능하다는 믿음으로 도전해 보라고 권하고 싶다. 나 역시도 '나는 여기까지'라는 한계를 긋던 고정 마인드셋에서, '노력하면 변할 수 있다'는 성장 마인드셋으로 전환하는 데 꽤 오랜 시간이 걸렸다. 중요한 건 거창한 일이 아니라, 눈앞의 작은 일부터 하나씩 해나가는 것이었다. 자료를 모았고, 공부를 했고, 내게 필요한 자격증과 수료증을 얻기 위해서 고민 대신 실천하기를 선택했다. 또한 자격증 및 공무원 시험에 낙방하더라도 다시 도전하기를 반복했다. 목표치를 달성했는가

---

[1] 캐럴 드웩, 《마인드 셋》, 스몰빅라이프, 2023.

여부를 떠나서 했던 행동들이었다. 과정 중에 내가 한 노력을 실패라는 이름으로 부르지 않고, 성공의 여정으로 느낄 수 있게 된 것이다.

뭔가를 시작할 때 갖는 마음가짐도 중요하지만, 초심만큼이나 지속하는 마음도 중요하다. 나는 늘 초심을 유지하기 위해서 내가 무언가를 하고 있을 때도 결과를 너무 거창하게 생각하지 않으려고 노력한다. 일단 노력하고 있으니 결과에 집착하는 대신 보다 쉽게 생각해 보는 것이다. 내가 원하지 않아도 무언가를 하다 보면 거창해지기 마련이다. 내가 도전하고, 상처를 회복하고 나를 객관화해 보는 일상의 과정을 담고 싶은 건 생각이었다. 그리고 그 생각에서 한발 더 나아가 누군가에게 평범한 내 이야기가 도움이 될 책을 써보면 어떨까, 하는 마음이 들었고, 일단 내가 책에 쓰고 싶은 메시지를 하나둘 정리해 보자, 해서 매일 기록했다. 그렇게 가벼운 마음으로 시작한 집필이 점차 확장되어 출판으로 이어졌다.

요약하자면 나는 처음부터 거창한 목표를 두고 달려가라고 권하고 싶지는 않다. 거창하게 생각하면 모든 일이 무거워지고 힘들어진다. 반면에 어떤 일에 임할 때 가벼운 마음으로 그냥 시작해 볼까, 뭐부터 하면 될까, 이런 식으로 가볍게 시작을 하면 내가 의도하지 않아도 점점 일이 늘어나고 그 흐름을 타게 된다. 결국, 큰 결심이 없어도 하나하나 해내다 보면 자연스럽게 일이 확장된다. 그래서 그냥 가벼운 마음으로 시작하는 게 제일 초심을 잃지 않는 방법이고, 처음부터 "내가 무엇을 어떻게 해서 대단한 뭔가를 해보겠다." 이렇게 접근하면 초심이 금방 무너지는 것 같다. 초심은 가벼울수록 오래 간다. 일단 가벼운 마음으로 생각하고 가볍게 내가 할 수 있는 범위에서 시작을 한번 해 보길 추천한다. 자료를 찾아보고, 작은 목표를 세우고, 하나의 습관을 만들어보자. 지금 내가 있는 자리에서 단 1도만 방향을 바꿔도 인생은 달라질 수 있다. 일단 시작하면 처음 생각했던 것보다 더 많은 걸 얻기도 한다. 행동이 장기적인 변화를 만든다. 타인을 탓하기 전에 자신은 할 수 있다는 믿음으로 시작해 보자. 나는 앞으로도 새로운 일에 도전하면 안 되는 이유 보다, 새로운 일에 도전해도 되는 이유를 만들고 증명하는 삶을 살아가고 싶다. 뇌는 본능적으로 변화하기보다는 현 상태를 유지하고 싶어 한다고 한다. 그러나 여기서 변화라는 자극을 주게 되면 정체되어 있던 뇌 역시 젊어진다고 하니, 안 할 이유가 없다.

"세상은 변하지 않는다. 변하는 것은 우리 자신이다."

- 헨리 데이비드 소로

2.

넘어진 자리에서 다시 일어나기

모두가 앞을 향해 나아가는데, 나만 제자리인 듯한 기분이 들 때가 있다. 때로는 원치 않는 일들이 당장 해결하라며 눈앞에 산더미처럼 쌓인다. 이렇듯 시련은 예고도 없이 찾아와서 일상을 헤집는다. 마음이 힘들었던 때 나는, 다른 사람들은 잘만 걸어가는 것 같은데 나만 길가에 주저앉아 있는 듯한 기분이 들곤 했다. 넘어질 일이 많으면 다시 넘어질까 봐 일어나는 일조차 무서워질 때도 있다. 하지만 이런 순간일수록 다시 일어설 수 있는 내면의 관성이 필요하다. 넘어진 건 어쩔 수 없는 일이지만, 다시 일어나는 일은 결국 내 선택의 몫이기 때문이다.

다만 일어나는 것도 오랜 경험과 숙련이 필요하다. 넘어진 충격이 너무 커 당장 걷지 못할 것 같은 두려움이 밀려와도, 우리는 결국 다시 일어나 걷게 된다는 사실을 잊지 않았으면 한다. 태어나서 아이가 성장하는 것을 보면 뒤집기를 하는 것만으로도 하루에 수십 번 시도하는 것을 볼 수 있다. 걸음마 시절에는 앞으로 뒤로 쾅하고 넘어져도 다시 일어나 또 시도한다. 그렇게 아기는 결국 걷고, 나중에는 뛰어다니게 된다. 우리는 모두 그 과정을 거쳐왔다.

나도 수많은 장애물과 시련이 있었다. 우울한 시기에 나를 방치하면서도 보내봤다. 과거 IMF 외환위기로 인한 가정의 경제적 어려움은 물론 맞벌이를 핑계로 부재한 부모님의 빈자리에 채워진 정서적인 공백, 그리고 사회에 첫발을 디딜 때 마주한 현실의 벽과 개인적인 정신건강의 문제까지. 이 모든 것들이 나를 수시로 넘어뜨리려 했다. 하지만 나는 매번 넘어진 순간에 다시 일어나기를 선택했다. 물론 다시 일어나는 일이 말처럼 쉽지는 않았다. 때로는 무릎이 떨리고, 다리에 힘이 들어가지 않았다. 하지만 한 번, 두 번, 그리고 또 한 번. 매번 일어설 때마다 나는 조금씩 더 강해졌고, 더 유연해졌다. 점점 회복하는 근력이 붙은 것이다. 여기서 중요한 것은 내면의 마인드다. 누가 일어나라 해서가 아니라, 내가 일어나기로 결심했기에 다시 일어설 수 있었다. 그 사실 자체로 향후 방향은 크게 달라진다. 타인의 의지를 내가 이뤄줄 수는 없지만 내 의지는 내가 직접 움직이게 할 수 있다. 비록 지금의 내가 실패한 것처럼 느껴져도, 지금 이 시간이 분명 성공으로 가는 여정 한가운데일 거라고 믿어야 한다. 작은 성취는 스스로 격려하고, 실수는 학습의 기회로 삼는다면 우리는 언제든 다시 도전할 수 있다.

내가 절망의 끝에서 다시 일어설 수 있었던 또 하나의 이유는, '타인을 이해하기' 시작했기 때문이다. 부모님을 이해하려는 노력이 그 시작이었다. 20대 중반, 사회생활을 시작하고 나서야 나도 알게 됐다. 그 어린 나이에 부모가 되고 사회생활을 시작하면서 우리를 키우기 위해 얼마나 애쓰셨을지를. 그제야 나는 삶을 새로운 시각으로 바라볼 수 있게 되었다. 부모님이 우리를 포기하지 않았던 것처럼, 나 또한 포기하지 않겠다고 다짐했다. 내가 놓친 것만큼 부모님 또한 우리를 키워야 해서 놓친 기회비용과 청춘이 있었을 것이다. 그러나 끝까지 우리를 포기하지 않고 키웠다. 아직 모든 걸 이해하진 못했지만, 부모님을 이해해보려는 시도는 부모님을 위한 일이기보다, 오히려 나 자신을 살리는 과정이기도 했다. 도전을 피하지 않고 기꺼이 받아들이면, 그것이 곧 성장의 기회가 되어주기도 했다. 이처럼 부모님은 내게 가난도 물려주었지만, 포기하지 않고 다시 시도하는 끈기도 물려주었다. 그리고 그 강점은 삶을 살아가면서 유용하게 쓰였다. 인생의 장애물을 걸림돌로 여기느냐, 아니면 뛰어넘어야 할 도전으로 여기느냐에 따라 성취는 달라진다는 것을 기억했으면 좋겠다. 나는 TV도, 유튜브도 필요하지 않으면 잘 안 보는 편이다. 나의 동기부여는 외부 자극이 아닌 내면에서 비롯되기 때문이다. 그리고 내부에서 우러나온 동기야말로 오래 지속된다.

또한 내가 좌절의 순간에도 긍정적으로 생각하려고 노력하는 건 어쩌면 습관이 된 일인지도 모른다. 외부의 영향에 휘둘리지 않으려 애쓰며 살아오다 보니, 세상엔 내가 어찌할 수 없는 일도 많지만, 내가 바꿀 수 있는 일도 분명히 존재했다. 바로 그 바꿀 수 있는 일을 찾아내는 것이 중요하다.

결국 삶에서 가장 중요한 것은 어떠한 일을 마주하는 우리의 태도다. 태도는 남이 바꿔 줄 수가 없다. 좋든 싫든, 스스로 결정하고 실천해야 한다. 나는 과거의 우울한 기억들 때문에 앞을 향해 나아가고 싶을 때마다 자꾸만 의기소침해지고, 주눅이 들고, 주어진 기회를 붙잡지 못하는 사람이 되어가고 있었다. 하지만 어느 순간, 더 이상 환경과 조건을 핑계로 주저앉지 않기로 마음먹었다. 남들이 안 될 거라고 말하더라도 나는 내가 해낼 수 있다고, 될 거라고 믿는 태도로 걸어 나갔다. 과거와 약점이 내 발목을 잡게 두고만 있을 순 없었다. 지금 시점의 나를 보면 누구도 내가 살아온 환경을 짐작도 하지 못한다. 늘 밝은 이미지 때문이기도 하고, 내가 그렇게 행동해 왔기 때문이다. 그래서 내가 어려운 환경에서 자라왔다고 말하면 대부분 처음에는 믿지 않는다.

우리는 매 순간 선택할 수 있다. 절망에 머물 것인지, 희망을 품고 한 걸음 나아갈 것인지. 그 갈림길에서 나는 성장하기를 택했다. 그래서 끊임없이 도전하고, 넘어지고, 다시 일어났다. 환경이 나를 결정하지 않도록 애썼다. 그 모든 행동이 나를 더 강하고, 지혜로우며, 나은 사람으로 만들었다. 세상의 바람에 휘청이는 건 어쩔 수 없을지 모른다. 하지만 다시 일어나는 일만큼은 내 몫이다. 내가 생각을 조금만 바꾸면 얼마든지 나는 성장하는 사람이 될 수 있다. 눈앞의 장애물을 '과정'으로 여겨 넘느냐, 아니면 그것을 이유로 포기하느냐에 따라 도달하는 곳은 달라질 수밖에 없다. 환경은 바꿀 수 없지만 미래는 바꿀 수 있다. 나는 그런 믿음을 품고 걸어왔다. 그리고 실제로 나의 현실은 내가 바란 방향으로 점차 바뀌어갔다. 내가 만약 힘들고, 무섭다고 주저앉아서 현실만 탓했다면 어떤 성취나 도약을 할 수 있었을까? 절대 아니다. 아마 지금보다 더 작은 일에도 주눅 들고, 한 걸음도 떼지 못한 채 머물러 있었을 것이다. 나는 믿는다. 기회를 피하지 않고, 도전을 기꺼이 맞이하면 우리는 반드시 성장할 수 있다는 것을. 도전이 거창할 필요도, 겁낼 필요도 없다는 것을.

3.

예기치 못한 시련 앞에서

나는 삶에서 다양한 형태의 시련과 장벽을 마주했다. 마땅히 의지할 곳이 없었던 나는 남들처럼 평범한 게 꿈인 시절도 있었다. 끝없이 반복된 구직 기간과 공기업 시험 도전, 끈질기게 따라다니던 우울감과 가난까지, 하나하나 설명하기 어려울 만큼 많은 허들을 지나왔다. 세상은 준비되지 않은 자에게 더 가혹하게 시련을 던지는 것 같다. 하지만 시련은 동시에 삶의 목적을 재설정하게 하고, 변화와 적응을 통해 그 이전보다 더 강하게 만들어 주기도 한다. 모두가 공평하게 불확실한 미래를 향해 나가고 당장 자신의 눈앞에 놓인 시련을 마주한다. 어떤 시련은 성장의 기회라는 걸 알고는 있지만, 이미 지친 몸과 마음으로는 쉽게 털어내기 어려운 게 현실이다. 작은 시련조차 일상에 지친 사람에게는 큰 짐이 된다. 마치 화상 자리에는 살짝 닿은 온기마저도 아프게 느껴지는 것처럼.

예고 없이 불어닥친 인생의 태풍일수록, 우리는 더 침착해야 한다. 상황이 나쁠수록 조급함은 금물이다. 판단력이 흐려진 상태에선 더 큰 실수를 하게 되니까. 일단 태풍이 지나가기를 기다리는 게 좋을 것 같다. 휘청이지 않고 버티는 일조차 버겁다. 그저 버티는 것만으로도 충분히 잘하고 있는 것이다. 게다가 태풍이 지나가면 또 할 일이 많다. 잔해를 하나하나 치워야 한다. 그러니 태풍이 불 때는 잠시 멈춰도 괜찮다. 모든 걸 혼자 감당하려 애쓰기보다, 때로는 전문적인 도움을 구하는 것도 하나의 방법이다. 마음이 충분히 숨 고를 시간을 가졌다면 그다음에 움직여도 늦지 않다. 하지만 태풍이 지난 후엔, 아주 사소한 것이라도 꼭 다시 시작해 보길 바란다.

만약 내가 현실에 좌절해 도전을 멈췄다면, 지금의 직장도 얻지 못했을 것이다. 그랬다면 여전히 중소기업의 사회복지 담당자나 방문요양센터 센터장 밑에서 일하거나 요양원에서 사회복지사 2급으로 일하며 불평하면서도 다른 대안이 없어서 한 달 한 달 버티고 있었을지도 모른다. 부모님의 싸움을 힘들어하면서도 부대끼며 살았을 것이다. 그랬다면 아마 지금의 남편과 결혼도 하지 못 했을 것이다. 애초에 장거리 연애라는 물리적인 거리의 한계를 극복할 용기조차 내지 못했을 테니까. 만일 내 쪽에서 결혼할 의지가 없어 보였다면 상대도 지쳤을 것이다. 아찔하지만 그렇게 소중한 인연을 잃었을지도 모른다. 삶에 의지가 없고 무기력한 상태를 방치했다면 서울에 짐 싸서 올라올 생각조차 못했을 것 같다. 하지만 나는 한 걸음씩, 하나씩 극복해 냈다. 시련 앞에 무기력하게 서 있기만 하지는 않았다. 나를 휘두르고 지나간 태풍 속에서도 버티고 살아낸 나를 스스로 다독였다. 그리고 여전히 잔해로 힘들어하는 나를 도울 사람들을 찾았고, 조언을 구했다. 그러자 삶은 천천히, 그러나 분명히 다시 정돈되기 시작했다. 시련은 언젠가 지나간다. 그러니 그 순간을 조금 떨어져서 바라보고, 중심을 잃지 않으려 애쓰는 것—그것이 내가 배운 삶의 자세다.

유독 남들은 골치 아픈 일 없이 다 편하게 사는 것 같은 생각이 드는 날이 있다. 하지만 그것도 허상이다. 누구나 각자의 무게를 지닌 채 시련과 고통을 감당하며 살아간다. 사람은 누구나 다르다는 사실을 인정하자. 누군가 나에게 왈가왈부할 때도 흔들릴 필요 없다. 이번에 심리 상담 중 들은 말이 하나 있다. "당신 인생이나 잘 챙기세요." 그런 순간엔 이 말을 속으로 외쳐 보자. 남과 나를 분리해야지, 분리하지 못하고 남의 기준으로 살다 보면 끝이 없고 소모적일 수밖에 없다. 남의 SNS에는 좋은 모습만 올라온다. 그것을 보다 보면 그렇게 사는 게 보통의 삶인가 하고 착각하기 쉽다. 심지어는 모르는 사람과도 자신을 비교하게 된다. 나도 마찬가지다. 화려한 집안, 잘 꾸며진 집을 보면 부러운 마음이 든다. 어쩌면 게시글을 올리는 사람도 마음 한편에는 자신을 부러워하라고 올리는 마음도 있을지 모른다. 타인의 삶을 보면 그들은 행복하기만 한 것 같은 기분이 들어서 나도 모르게 남과 비교하게 된다. 하지만, SNS 속 사진들은 남기고 싶은 순간만 모은 것이라는 점을 잊지 말아야 한다. 남에서 나로 시선을 돌리자. SNS를 끊어야 자유가 찾아온다. 내 시간과 에너지를 들여서 굳이 SNS를 해야 할까? 내가 SNS를 하는 궁극적인 목적이 무엇인지 한번 진지하게 생각해 보자. 삶의 모습도 다르다. 자신만의 가치에 중점을 두고 삶을 살아가야 한다. 남에게 보이는 것은 한시적이지만, 나에게 보이는 이미지는 평생 내 안에 남는다. 타인의 기준을 쫓다가는 나 자신을 잃기 쉽다. 미래에 어느 지점에서는 내 소신껏 했던 일들이 나를 강하게 만들 것이다.

나는 소비를 할 때도 나만의 가치 중심 소비를 하려 애쓴다. 한번은 은행 면접 때 월급을 어떻게 쓸 것인가 하는 질문을 받았었다. 이 질문에 대한 모범 답안은 아마 이럴 것이다.

"저는 월급을 받으면 가장 먼저 고정비용과 저축을 우선 배정한 후, 남은 금액을 지출 항목별로 계획해 사용하고 있습니다. 예를 들어, 생활비, 교통비, 식비, 자기 계발비 등을 월초에 미리 책정하고, 그 외 금액은 비상금이나 장기 목표(예: 주택자금, 은퇴자금)로 따로 구분해 관리하고 있습니다. 특히 저는 청년도약계좌, 연금저축계좌, ISA 등 금융 상품을 활용해 재무적인 안전성과 장기적인 자산 형성을 동시에 추구하며 준비하고 있습니다. 은행에 근무하게 된다면 고객에게도 체계적인 재무관리와 자산 증식 방법을 안내할 수 있도록 노력하겠습니다."

아마 이런 게 모범 답안이었을 것이다. 하지만 나는 나만의 소비

기준이 있기도 했고, 다른 사람들과 비슷한 대답을 하고 싶지도 않아서 패기 넘치게 "저에게 다 투자하겠습니다." 하고 말했다. 동공이 흔들리는 면접관들의 모습이 보였다. 면접관 중 한 사람이 전부 소비한다는 말이냐고 재차 물어왔다. 내가 원했던 질문이었다. 나는, 지금의 나는 아직 발전해야 할 단계이고, 가장 확실한 투자는 나 자신에게 투자하는 것이라고 나만의 신조를 강조하며 답변했다. 또한 내 발전을 위한 투자에는 아끼지 않겠다는 의지라고 덧붙였다. 면접관들이 하나 둘 고개를 끄덕였다.

나는 허례허식을 싫어해서 결혼식 대신 신혼여행을 택했다. 소비는 남에게 보이기 위한 것이 아니라, 나에게 의미 있는 것을 위한 것이 되어야 한다. 그래서 결혼식을 안 하는 대신 발리로 신혼여행을 갔다. 그곳에선 드라마와 케이팝으로 한류 열풍이 불어 한국 사람들에게 호의적이었다. 우리는 결혼식에서 아낀 비용으로 발리도 가고, 발리에 가는 비행기는 비즈니스석을 탔다. 남들 다하는 결혼식을 올리지 않는다는 건 어른들 눈치도 보이는 쉽지 않은 결정이었지만 후회는 없다. 왜냐하면 오히려 짧은 결혼식을 위해서 많은 소비를 하고 다른 필요한 곳에서 아꼈다면 그건 그것대로 후회했을 것이기 때문이다. 나는 지금도 남들에게 보이는 곳, 다른 곳에 소비할 것을 아껴서 내가 좋아하고 가치 있는 것을 정확하게 사려고 노력한다. 그만큼 내 취향과 기준이 점점 생기고 있다. 나는 이런 변화가 좋다.

시련은 사람이 통제 불가능한, 외부에서 들이닥치는 바람과 같다. 하지만 외풍이 분다고 하여 내 마음의 심지까지 휘둘릴 필요는 없다. 우리가 익히 알고 있는 유명인들 역시 시련이 없지 않았다. 천재 과학자 아인슈타인조차 어린 시절 말을 늦게 배우고 학교에서 문제아로 여겨졌지만, 결국엔 세계적인 혁명을 이뤄냈다. KFC 창업자 커널 샌더스는 65세 나이에 소액으로 시작해, 여기저기서 거절했으나 마침내 KFC라는 전국 프랜차이즈를 성공적으로 이뤄냈다. 시련이 왔을 때 그들이 멈췄다면, 남들과의 비교로 더 도전하지 않았더라면 지금의 성공은 없었을 것이다. 시련은 언젠가 끝이 난다.

어제의 나와 오늘의 나를 돌보고 미래의 나에게 가능성과 기회를 보내는 오늘이 되었으면 좋겠다. 누구나 과거에는 후회하는 것과 후회하지 않는 것들이 있다. 어떤 시련 속에서도 당신의 오늘이 미래의 당신을 돕는 하루였으면 좋겠다.

4.

기회를 마주하는 자세

살아오면서 기회가 한 번도 찾아오지 않은 사람은 없을 것이다. 다만 기회가 다가와도 기회인 줄 모르고 흘려보내거나, 기회를 잡고 싶어도 준비가 되어 있지 않아서 놓친 경우가 많을 뿐이다. 기회를 놓치는 이유는 사람마다 다르다. 고정관념이나 익숙한 사고방식 때문일 수도 있고, 변화를 두려워하는 마음 때문일 수도 있다. 때로는 내가 한 기회를 잡느라 다른 기회는 포기해야 할 때도 있었다. 그리고 예상치 못한 고난이 결과적으로 더 나은 기회를 데려오기도 했다. 삶은 그렇게 예측할 수 없는 방식으로 기회를 주기도 하고, 빼앗기도 한다. 지금 생각하면 과거에 놓친 기회들이 아쉬운 부분도 있다. 하지만 그때 아쉬웠던 경험이 있기에 앞으로는 비슷한 기회가 다가오면 잘 붙잡을 수 있겠다는 생각도 든다. 내가 처한 상황에 따라서 과거의 경험은 다르게 느껴진다. 족쇄가 될 수도 있고, 날개가 될 수도 있다.

당시에는 놓친 기회를 탓했지만, 돌이켜보면 그것이 내 마음가짐의 문제였음을 알게 되기도 한다. 기회는 살면서 어느 순간에 올지 모른다. 그러니 다음 기회가 다가오면 소극적으로 대응하지 않도록 평상시에 미리미리 준비해야 한다. 미래를 위한 작은 씨앗이라도 조금씩 심어두는 게 좋다. 삶의 크고 작은 일들은 결국 놀라울 만큼 서로 연결되어 있다.

살다 보니 자연스럽게 경험한 일들이 나중에 되돌아보면 다 필요한 일인 경우가 많았다. 인간의 두뇌는 시행착오를 반복하는 과정에서 정신적인 근육을 키워낸다고 한다. 간접적으로 얻은 지식은 외적으로 머물다 사라지지만 내가 몸소 경험한 것들은 몸과 마음에 아로새겨져 남는다. 나는 요양센터를 다녔기 때문에 직접 운영해 볼 용기도 났고, 창업을 해보고 또 접어봤기 때문에 이성적으로 판단하고 침착하게 생각하는 법을 배웠다. 그리고 내가 경험해 온 일과 공백 그 모든 시간이 면접장에서 경험이라고 말할 수 있는 유용한 재료가 되기도 했다. 아무리 낙방을 경험했어도 여러 번 작게 본 시험 덕분에 큰 시험장에서도 떨리지 않았다. 또한 내가 사회생활을 하면서 겪은 크고 작은 경험들이 현재 다니는 공기업의 면접장에서도 빛을 발했다. 다년간의 경험을 업무와 연관 지어 말할 수 있어서 최종적으로 합격할 수 있었다.

연결의 힘은 무섭다. 사람의 일은 섬세하게 연결되어 있다. 세상과 나는 어떤 방식으로든지 서로에게 힘을 주고받는다. 이쪽에서 살며시 잡아당긴 실이, 저쪽의 매듭을 단단하게 만들기도 한다. 그래서 나중에 돌아보면 문득 그때의 경험이 지금을 위한 것이었음을 알게 된다. 이게 단순히 의미를 추구하는 인간의 본능일 수도 있겠지만, 심리학자 칼 융은 이처럼 의미 있는 우연의 일치를 '동시성'이라 불렀다. 스토아 철학에서도 우주는 하나의 유기체처럼 연결되어 있다고 본다. 과거의 경험은 지나갔지만, 앞으로 그 경험을 어떻게 해석하느냐에 따라 미래 시점에서 보면 새로운 과거로 재해석된다. 하지만 그 어떤 기회도 기회로 보이지 않는 경우가 있다. 바로 우울증에 시달리고 있을 때 그렇다. 특히 요즘의 청년 세대는 희망이라는 사다리마저 걷어차인 채 살아가는 경우가 많다. "하면 된다"는 말이 응원이 아니라 압박처럼 느껴지기도 한다. 어떤 사람들의 현실은 벼랑 끝이고, 그 끝에 겨우 발끝을 걸치고 서 있다고 느끼기도 한다.

2024년 서울 자살 예방센터의 자료에 따르면 2030 청년의 상담 비중이 제일 높은 것으로 나타났다. 그들은 상담 과정에서 '가지지 못한 기회'에 대해 호소하는 경우가 많다고 말했다. 어떤 기회는 도전하는 과정에서 찾아온다. 하지만 이미 절벽에 다다른 청년들에게는 기회가 담보되지 않은 도전을 할 여력조차 없는 경우가 많다.

냉정하게 말하면, 준비 없이 맞이한 기회는 신기루처럼 사라지기 마련이다. 아주 작고 사소한 가능성이라도 내가 먼저 손을 뻗어 도전하지 않으면 그것은 결코 현실이 되지 않는다. 나 역시 기회 자체가 오지 않는다고 여겼던 시간이 있었다. 그러나 기회를 찾기 위해서 나는 뭐라도 해야 했다. 내가 처음 행동을 확장하게 된 계기는 사실 단순한 반항심이었다. 사람들은 흔히 도움이랍시고 "그건 안 돼", "위험해", "무모해", "우리가 어떻게 해" 같은 말을 너무 쉽게 꺼낸다. 걱정하는 척하며 남의 가능성을 미리 한정지어 버리는 것이다. 그때마다 나는 마음속으로 되묻는다. **'당신은 그것을 정말 해봤는가?'** 하고.

 사람은 종종 시도조차 하지 않은 일에 대해 자신 있게 단정한다. 해보지 않았으면서 해본 것처럼 말하고, 실패할 거라는 섣부른 판단으로 시도 자체를 막는다. 나는 어릴 때부터 무엇이든 해보고 나서 더할지 말지를 선택을 해보자는 주의였다. 중요한 것은 머릿속으로만 시뮬레이션하는 것이 아니라, 직접 행동하는 실천력이다. 물론 실패는 두렵다. 누구나 그렇다. 사람은 누구나 심리적 방어기제를 갖고 있어, 반복적으로 실패를 누적하는 것 자체가 부담일 수 있다. 혹은 아직 이전에 받은 상처가 아물지 않았는데 거기에 상처가 누적될까 봐 도전 자체를 회피하게 되는 것도 자연스러운 반응이다. 어차피 못한다는 생각으로, 혹은 완벽하지 않을 거면 아예 시작도 안 하겠다는 마음으로 도전을 꺼린다.

 그렇게 되면 나도 모르게 불만족스러운 현실에 안주하게 될 위험도 있다. 과거의 실패 경험이나 타인의 시선에 눌려 스스로 기회를 포기하는 안타까운 경우도 많다. 그러나 실제로 해보지 않고선 결과를 알 수 없다. 예측이 늘 100% 옳은 건 아니다. 어쩌면 우리는 '실패할까 봐'라는 예측에 눌려, 기회를 스스로 놓치고 있는지도 모른다.

그러니 직접 해보지도 않고 "나는 안 될 거야. 시간 투자해봤자 소용없어."라고 단정 짓지 않았으면 좋겠다. 시간과 맞바꾼 경험은, 언젠가 미래의 나 자신에게도, 또는 가까운 타인에게도 지침이 되고 공감이 될 자산이 된다. 비슷한 경험을 마주할 때 직관적인 상황을 파악할 능력 또한 바로 그 경험에서 비롯된다.

세상의 시선과 압력 앞에서 미리 결과를 짐작하고 겁먹는 일은 쉽다. 하지만 결과를 알 수 없는 일에 도전하고, 땀을 흘려 노력하는 일은 어렵다. 그리고 바로 그 어려운 일을 해내면 뭔가를 성취할 수 있는 것이다. 그 과정에서 우리는 단지 결과뿐 아니라, 좌절과 실패, 노력과 결실의 사이클을 돌며 자신감과 효능감을 얻게 된다. 이러한 성취의 경험은 내면의 성장을 낳고, 정체성과 자부심의 일부가 된다.

그리고 중요한 사실이 있다. 경험은 전이되지 않는다. 내면에 각인되기 때문이다. 누군가에게 말로 전해줄 수는 있지만, 몸과 마음에 각인된 진짜 경험은 오롯이 나만의 것이다. 그래서 어렵게 이뤄낸 성취는 누구도 빼앗을 수 없는 고유한 자산이 된다. 자신만의 이야기는 각자에게 특별한 의미로 남는다.

당신의 하루가 고유한 자신만의 빛으로 온전하게 빛나면 좋겠다.

"당신이 할 수 있다고 믿든,
할 수 없다고 믿든, 당신이 믿는 대로 될 것이다."

— 헨리 포드

5.

남은 게 절망밖에 없어 보일 때

짙은 안갯속에 둘러싸여 아무것도 보이지 않을 때가 있다. 자욱한 어둠의 숲에 고립된 듯한 느낌은 나를 어디로도 나아가지 못하게 만들었다. 살다가 문득 남은 거라고는 절망뿐이라는 생각이 들었던 시간이 있었다. 부모님이 물려준 가난과 여전히 내 앞으로 남아 있는 굵직한 빚, 그리고 내면에 고인 우울과 성인 ADHD 성향까지. 그 모든 것이 복합적으로 쏟아져 버겁게 느껴지는 날이 많았다. 파도가 거세게 일렁이는 바다 한가운데 나 홀로 표류하고 있는 듯했다. 그렇게 떠다니는 나를 아무도 발견하지 못할까 봐 불안하기도 했다. 나와는 조건적으로 다르게 태어난 사람들의 장점을 보면 나의 단점이 더 도드라져 보였다. 그리고 극단적인 생각만 반복해서 들어 일상이 피폐해지기도 했다. 나는 점점 어두운 굴속으로 들어가는 것 같았고, 세상에 존재하는 생명력이 다 부자연스럽게 느껴졌다. 극단적인 생각을 하면 이런 느낌으로부터 자유로울까, 그냥 모든 게 한 번에 리셋이 될까, 하며 혼자 오래 골몰하기도 했다.

하지만 극단적인 생각 앞에서 나는 내게 물었다. 정말 내가 이 모든 걸 끝내고 싶은가? 하고 말이다. 그때 나에게 돌아온 대답은, 살고 싶지만, 이 고통이 힘들다는 거였다. 그게 진실이었다. 사람은 고통을 어떻게 해결해야 할지 막막할 때 극단적인 선택을 떠올리게 된다. 스트레스가 극에 달하면 사소한 문제조차도 최악의 상황으로 확대 해석하게 되고, 그 끝에 스스로를 몰아세우게 된다. 나는 의도적으로라도 비관적인 예측과 극단적인 암시를 버리고, 생각의 부정 편향에서 벗어나기로 결심했다. 병원 치료를 다니면서 나를 돌보고 내일의 하늘을 한 번 더 보기로 택한 것이다.

누구나 각자 삶의 굴곡이 있을 것이다. 때로는 연속되는 실패 앞에서 좌절할 수 있지만, 내가 내 삶을 조금이라도 사랑한다면 끝까지 파고들어 오히려 맞서는 정신이 필요하다. 전문가의 도움으로 점점 회복하고 있는 지금의 나는 그때와 죽음에 관한 생각이 많이 바뀌었다. 누구든 언젠가는 모두 다 죽는다. 그런데 그 죽음을 내가 굳이 앞당겨야 할까? 어차피 찾아올 죽음이라면, 그 전까지 내가 하고 싶은 일들을 하나라도 더 해보고 떠나는 게 덜 억울하지 않을까?

나는 죽기 전에 핑크색 머리도 해보고 싶고, 그림을 마음껏 그려 전시회도 열어보고 싶다. 다른 사람들에게 위로와 용기를 주는 사람, 누군가에게 시작할 용기를 주는 사람이 되고 싶다. 물론 다 이루지 못할지도 모른다. 하지만 그냥 해보고 싶은 것들 근처에만 간다고 하더라도, 시도했다는 그 자체로 낭비 없는 인생이라고 생각한다. 나는 삶의 끝에서 이렇게 말하고 싶다. "죽기 전에 내가 하고 싶은 일은 다 해봤다. 그러니 후회는 없다." 그래야 "이젠 간다. 안녕." 하면서 담담하게 죽음을 받아들일 수 있을 것 같다. 삶의 이유를 찾지 말고, 스스로 만들면서 살다 보면 남들과는 다른 나만의 무늬가 생기고, 그 무늬가 삶의 활력이 되어줄 것이다. 미래의 그림을 그리는 붓은 지금 내 손에 쥐어져 있다. 어떤 그림을 그릴지는 과거가 아니라 현재가 결정한다.

그러면 부정적인 생각에 휩싸일 때는 어떻게 해야 할까? 가장 먼저 자기 비하를 멈춰야 한다. 그리고 내가 부정적인 생각을 했다는 사실을 인정하고, 지금의 나도 있는 그대로 소중하다는 사실을 수용해야 한다. 그리고 긴장된 생각과 몸을 이완시킬 필요가 있다. 명상 역시 좋다. 혼자 명상에 집중하기가 힘들다면, 가이드가 포함된 명상 영상을 틀어두고, 호흡을 따라가자. 그 순간만큼은 다른 부정적인 생각이나 과도한 압박감에서 벗어날 수 있을 것이다. 혹은 집을 꾸미는 것처럼 나를 위한 취향을 강화함으로써 얻는 정서적인 안정도 있다. 나 역시 신혼 희망 타운에 6년간 거주할 예정이지만, 그 기간만큼은 이곳을 온전히 '내 집'이라 여기며 내가 좋아하는 물건들로 공간을 꾸미기로 했다. 이처럼 나는 여전히 내 거주 환경을 기분 좋게 바꾸는 중이다. 내 공간을 가장 편하게 만들어 나를 돌보는 건 중요하다. 사소하지만 그런 것들이 그 시기의 나를 버티게 하는 힘이 되기도 하기 때문이다. 나는 우울증뿐 아니라 성인 ADHD를 치료하기 위한 일환으로 매일 'TO DO 리스트'를 실천하고 있다. 루틴을 시간대별로 나눈 뒤, 완료할 때마다 하나씩 체크해 나간다. 이 단순한 행동이 생각보다 큰 도움이 되었다. 일정 관리는 휴대전화 스케줄 앱을 사용하고 있다. 그래도 우울한 생각이 들 때는 나가서 걷는다. '포레스트'라는 앱을 이용하면, 걷는 만큼 식물 스티커가 모이고, 나중에는 진짜 그 식물이 집으로 온다. 그 앱 덕분에 지금은 토마토를 키우고 있고, 하루에 적어도 7천 걸음은 걷고 있다. 누군가는 걷기를 운동으로 보지 않을 수도 있지만, 우울증 환자에게 걷기는 가장 효과적인 운동 중 하나다. 낮 동안 햇빛을 받으면 호르몬 작용이 활발해지고 세로토닌이 분비되어 우울감 완화에 도움이 된다. 우울할 때 사람들은 어두운 방 안에 혼자 있게 되는 경우가 많은데, 이럴 때 자연 빛을 받으며 걸으면 호흡과 움직임이 동시에 작동하면서 기분이 조금씩 회복되기도 한다. 이렇듯 운동 루틴은 건강과도 연결된 방법들이기도 하다. 하루 30분 산책, 10분 홈트 등 매일 꾸준히 할 수 있는 최소 단위의 것을 해보자.

남에게 있는 것 말고 나에게 있는 것에 집중하는 마음이 중요하다. 왼팔이 없다면 오른팔로 할 수 있는 일이 남들보다 더 많아질 것이다. 내 눈에 보이는 약점에만 집착하는 데서 멈추지 말고, 내가 소유한 내 강점을 어떻게 건강하게 키울 수 있는지 끊임없이 고찰해 보아야 한다. 사람은 눈으로 보는 것에서 많은 영향을 받는다. 나의 강점과 장점들을 감사 일기에 적어보자. 처음에는 어색하고 인위적으로 느껴질 수 있지만, 감사 일기를 꾸준히 써보자. 의무적으로라도 적다 보면 점차 긍정적인 감정에 집중하게 되고, 스스로를 더 잘 이해할 수 있는 계기가 된다. 그러다 보면 생각의 패턴도 점차 변하게 된다.

타고난 신체적, 기본적 조건이 선택 불가능한 것이라면 강점을 찾고 강화하는 것은 순전히 나의 선택이다. 우리는 이미 사회가 심어놓은 고정관념과 그로 인해 생긴 선입견에 익숙해져 있다. 그리고 그 잣대는 타인뿐 아니라 나 자신에게도 매우 엄격하다. 끊임없이 자신을 판단한다. 하지만 나의 상태를 체크하고 돌보는 일은 판단하고 단죄하는 일과 다르다. 자신을 객관적으로 바라보되, 내 생각이 전부 옳은 것은 아니라는 비판적인 시각도 필요하다. 그래야 진짜 가능성이 있는 방향에 집중하고 몰입할 수 있는 힘이 생긴다.

6.

지속 가능한 성장을 위해

프랑스 작가 앙드레 지드는 계속 "성공은 재능이 아니라 끈기에서 온다."라고 말했다. 나는 여러 가지 핸디캡이 있었지만, '이런 것들 때문에 성공하긴 어려울 거야'라는 생각보다는 '그럼에도 나는 해낼 수 있어'라는 태도로 살아왔다. 무엇이 가능하고 무엇이 어려운지 침착하게 파악하려 노력했고, 지금의 내 상태를 있는 그대로 받아들이며, 내가 할 수 있는 일부터 하나씩 집중해 나가기로 했다. 가난, 우울, ADHD, 폭식 등등 내게 찾아온 핸디캡들에 좌절하거나 넘어지고 싶지도 않았다. 그래서 나는 주어진 상황과 정신 건강 문제를 개선하기 위해서 집중할 수 있는 환경을 하나씩 마련해 나갔다. 예컨대 공기업 준비를 할 때는 기질적으로 주의 집중이 어려운 나를 이해하고 나에게 맞는 학습법으로 방향을 바꿨다. 정해 놓은 범위 안에서 자유롭게 학습하면서 원리를 익히는 방식으로 접근했다. 가난을 극복하기 위해 금융 공부와 저축을 병행했다. 또한 현재의 내가 지원받을 수 있는 제도를 찾아보았다. 그리고 그중에서 내가 신청할 수 있는 것은 삶에 적용하려 애썼다. 내 하루를 채우는 기존의 환경을 재구성해서 행동과 습관을 바꾸려고 한 것이다. 왜냐하면 나는 더 행복해지고 싶었기 때문이다. 더 멀리 날아가고 싶었다. 그러기 위해서는 나를 먼저 바꾸고 알아가야 한다는 생각이었다. 나조차 나를 아껴주고 있지 않으면서 남이 나를 잘 이해하고 알아주길 바라왔다. 나를 아끼는 방법을 실천하기 위해선 부정적인 감정을 빨리 환기하는 것이 좋다.

감정이란 건 누구에게나 있다. 하지만 그 감정을 어떻게 관리하느냐에 따라서 삶은 확연히 달라진다. 어떤 감정이 들었건, 그 감정은 지나치지 않다. 그저 사람에 따라서 느끼는 깊이가 다를 뿐이다. 하지만 감정을 해소하지 않고 쌓아두기만 하면 문제가 된다. 이럴 때는 나만의 해소법이 필요하다.

예를 들어 나는 마음이 불안하고 복잡할 때면 침대 위에서 천장을 보거나 눈을 감고 명상을 한다. 내게 가장 편안한 공간에서 전기 장판을 켜고 편안한 음악을 듣거나, 마사지 기기를 온열 상태로 틀어놓고 나를 돌보는 시간을 갖는 것이다. 그 시간이 나에게는 중요하고 소중하다. 감정을 나눌 수 있는 대상과 일상 대화를 하는 것도 좋다. 내 불안에 대해서만 계속 이야기하는 것이 아니라 정말 상대방과 일상적인 대화를 주고받는 것만으로도 건강하게 해소된다. 그리고 집에 있기보다는 밖에 나가는 걸 선호하는 사람이라면, 경치 좋은 산책 코스를 미리 알아두고 좋아하는 음료를 사서 직접 거닐어 보거나, 노래방에 가서 실컷 소리를 지르면서 스트레스를 풀고 오는 것도 한 방법이다. 그리고 개인적으로 가장 효과를 느꼈던 방법 중 하나는, 내가 좋아하는 향의 헤어미스트를 사용하는 것이다. 종일 나와 함께하는, 나 자신을 위한 선물 같은 느낌이다. 향기는 즉각적으로 기분을 환기시켜주고, 남을 위한 향수가 아니라 온전히 나를 위한 향기로 다가온다. 베개에 뿌리는 사람도 있지만, 머리카락에 뿌리면 안에서건 외부에서건 그 향을 느끼면서 행복한 기분이 지속될 수 있다. 나 자신을 가꾸면 스트레스가 풀리는 것뿐 아니라 동시에 깔끔하게 관리도 되기 때문에 대외적인 이미지도 개선될 수 있다. 자신에게 힐링이 되는 자가 치유 겸 테라피가 될 수 있다면 작은 일이라도 직접 해보고 느끼는 게 좋다. 하루에 몇 줄이라도 감정 일기를 쓰거나, 감정 해소 음악 리스트를 만들어 두고 그 플레이 리스트만 돌려 듣는 것도 좋다. 네일아트를 하거나 헤어스타일을 새롭게 바꿔보는 것 역시 도움이 된다. 하지만 그렇다고 해서 명품 가방을 하나씩 사들이고 대출해서 차를 사거나 하는 등 미래의 나에게 부담으로 돌아올 행동들은 자제하는 것이 좋다. 명상이나 요가, 춤이나 영화 보기 등 나를 좀 더 주체적인 일에 참여하게 하는 것이 좋다.

아무리 스트레스가 쌓였다고 해도 주의해야 하는 스트레스 해소법도 있다. 폭식과 과소비, 과도한 음주, 도박, 스마트폰 과몰입 등은 최대한 피해야 한다. 이런 방법들은 도파민을 분비해서 일시적으로 해소된 느낌을 줄 것이다. 아무리 빠른 쾌락을 준다고 해도 결국 장기적으로 봤을 때는 삶의 질을 떨어트리고 더 깊은 스트레스 상황을 초래할 수 있다. 건강을 지키지 못하면 아무 소용이 없다. 내 경험상 스트레스가 쌓였다고 해서 먹는 것으로 풀면, 몸과 습관이 망가진다. 그렇다고 남을 붙잡고 미주알고주알 감정을 털어놓아서는 안 된다. 들어주는 사람 역시 지친다. 최악의 경우, 상대가 자신을 감정 쓰레기통처럼 여긴다고 느끼며 관계가 점점 멀어질 수도 있다. 게다가 말하는 사람 또한 스트레스 해소 창구로 말하다 보니 자신이 할 말과 하지 말아야 할 말을 구분하지 못해서 말실수하는 불상사가 생길 수 있다. 기분이 안 좋을 때는 위의 상황들을 최대한 피하거나, 만약 피할 수 없다면 미리 예산 혹은 시간 등의 제약을 두고 스스로 통제가 가능한 범위 내에서 절제해야 한다. 무엇보다 자신만의 건강한 스트레스 해소법을 마련해 두는 것이 좋다. 그렇게 하면, 당장 사회 구조나 환경은 바꿀 수 없다고 해도 소소하고 확실한 내 일상만큼은 내 손으로 바꿀 수 있다.

감정이 보내는 신호를 인식하고, 어떤 상황에서도 나의 모든 행동이 회복을 향한 과정임을 기억하자. 내가 나와 가장 협력할 사람이라는 것을 잊지 말아야 한다. 지금도 나는 우울을 극복한 것이 아니라 우울과 함께 성장해 나가고 있다. 어떤 감정이든 영원하지 않고 스쳐 지나가거나 세월이 흐르면서 자연스럽게 감정의 결이 달라진다. 내게는 여전히 부모님의 빚이 남아 있다. 처음에 빚을 받았을 땐 막연한 마음도 들었지만, 부모님도 우리를 키우는 동안 얼마나 힘든 순간이 많았을까 하는 생각이 들었다. 그러니까 나한테 빚을 줬더라도 미운 마음이 들지 않았다. 오히려 너무 힘들었겠다, 얼마나 힘들었으면 나한테 손까지 벌렸을까, 이런 생각이 들었다. 부모님이 이자를 잊지 않고 입금하는 모습에서 사랑이 느껴졌다. 하지만 이런 상황에서도 나를 앞으로 나아가게 하는 비결이 있다면 그냥 발길이 가는 대로 닿는 대로 가는 것이다. 발길을 따라 걷다 보면 지금보다는 점차 나아진다. 오래 고민만 하기보다는, 눈앞의 일을 하나씩 해내며 발길 닿는 대로 나아가는 것도 하나의 방법이다. 공자는 작은 일이라도 포기하지 않고 계속하면 결국엔 큰일을 이룰 수 있다고 말했다. 지금 내딛는 한 걸음이 당장에 거대한 목표치로 못 간다고 해도 그 근처라도 맴돌고 있는 자신을 발견할 수 있을 것이다. 속도보다 중요한 것은 지속성과 방향이다. 오늘 내가 내딛는 한 걸음이 어디를 향할지 진지하게 고민해보자. 그 한 걸음이 삶을 바꿀 수 있다.

7.

결핍이 결핍에서 끝나지 않도록

인간은 모두가 자신만 아는 결핍을 가지고 살아간다. 남이 그 결핍을 채워줄 수도 없다. 사람에 따라 하나의 결핍이 또 다른 결핍을 낳기도 하지만, 반대로 그 결핍이 동기나 원동력이 되어 성공으로 이어지는 경우도 적지 않다. 나에게도 가난이라는 결핍과 부모님으로부터 받지 못한 보살핌에 대한 결핍이 있었다. 하지만 나는 이 결핍들로 인해 힘들었던 만큼 내가 원하는 것을 더 잘 알게 되었고, 그 결핍들은 나의 선택에 대한 기준과 가치관으로 자리 잡았다. 적당한 결핍은 성장을 촉진할 수 있지만, 과도하거나 왜곡된 결핍은 뇌의 보상 시스템을 자극해 즉각적인 보상에 집착하게 만든다. 그래서 가난의 결핍이 있던 사람이라면, 자신의 가난을 숨기려고 명품을 휘두르면서 부를 과시하려는 사람이 있고, 정서적인 결핍으로 음식을 과하게 먹기도 한다. 또한 사람에 대한 결핍이 있을 때는 소외되고 싶지 않다는 이유로 각종 모임에 빠지지 않고 참여하려 애쓴다. 결핍감이 클수록, 더 빨리 만족을 얻기 위해 충동적 행동을 하는 것이다. 내가 그랬다. 나는 우울함 때문에 나를 방치하는 동안 몸무게가 증량된 경험이 있다. 원래의 나는 음식에 집착하는 편도 아니었는데 그저 공허함을 음식으로 채우려 했던 것이었다. 지금 거리를 두고 그 시기를 떠올려 보면 그 행위는 결코 나를 위한 게 아니었다. 다른 방식으로 스트레스와 결핍을 채워야 했다. 하지만 방법을 몰라서 지금 이러는 게 나에게 전혀 도움이 안 되는 걸 아는데도 그 악습관을 한동안 지속했었다. 당시의 나에게는 스트레스로부터 구원할 새로운 도전이 시급했다.

결핍을 건강하게 잘 활용하는 방법은 무엇이 있을까? 계속 생각했다. 그리고 몇 가지 결론을 내렸다.

스트레스로부터 나를 구원할 수 있는 첫 번째 방법은 결핍이 만들어낸 악순환을 끊는 것이다. 바로 끊기 어렵다면 소소하게 시작해야 한다. 매일 배달 음식을 습관처럼 주문했던 사람이라면, 그냥 '일주일에 두 번만 배달 음식 시키기'라는 미션을 도전해 보자. 이런 식으로 딱 목표를 정해두고 그동안 강화되어 있어 삶의 일부처럼 행해오던 습관을 허술해지게 만들면 된다. 말과 글에는 힘이 있다. 아무도 모르지만 나만 아는 또 하나의 약속이 된다. 나 역시 누구보다 배달 음식을 많이 시켰던 배달 중독이었지만, 개선했다. 배달 음식을 한두 번 참는다고 해서 크게 기분이 안 좋아지지도 않았다. 오히려 나 스스로 절제한 느낌이 들어서 뿌듯했다. 나는 그 뿌듯함을 느끼기 위해서 점차 자의적으로 더욱 배달 음식 주문하는 횟수를 줄여나갔다.

또한 스트레스성 폭식의 문제를 겪고 있는 사람이라면 식욕 억제와 현재에 집중하는 훈련으로 '마인드풀 이팅'이라는 방법을 쓸 수도 있다. 마인드풀 이팅은 음식의 맛, 향, 질감, 식감 등 감각적 경험에 집중하는 식사를 말한다. 칼로리나 체중, 영양소 계산 없이 배고픔과 배부름에 맞춰 식사하는 것이다. 사람에게는 자신이 원래 원하는 양보다 더 많이 먹게 되는 환경적 요인이 존재한다. 그것은 음식을 보며 밥을 먹는 게 아니라 다른 것에 관심을 두며 음식은 그저 섭취하는 행위에서 끝난다는 것이다. 그러니 포만감도 없고, 가끔은 무얼 먹었는지 기억도 나지 않으면서 더 자극적인 음식을 찾게 된다. 마인드풀 이팅이 지속되다 보면 점점 음식에 대한 고정관념이나 과거의 힘들었던 경험을 내려놓을 수 있다. 그저 현재의 식사에 집중하기 때문에 비판하지 않고, 받아들이고, 놓아주고, 믿는 과정을 자연스럽게 할 수 있는 것이다. 또한 부가적인 효과로 체중 관리는 물론, 식습관도 개선될 수 있고, 정서적인 안정도 자연스럽게 따라온다. 식사할 때 뭔가를 봐야 하던 습관을 버리고, 천천히 씹으며 배고픔과 포만감 같은 신체 신호에 민감하게 귀 기울여 보자. 그러면 어느새 마음 챙김을 실천하고 있는 자신을 발견할 수 있을 것이다.

스트레스로부터 나를 구원할 수 있는 두 번째 방법은 결핍된 습관을 비운 자리에 다른 스트레스 해소 장치를 만들어 두는 것이다. 쇼핑하거나 간식을 먹던 시간에 하루 10분 요가하기, 제자리 걷기, 뜨개질 하기, 영화 시청하기, 그림 그리기, 노래 부르기 등등 새로운 취미를 해 보는 것이다. 만일 금전적인 결핍이 문제인데도 스트레스 해소가 자꾸 소비로 이어진다면, 일주일에 두 번은 무지출 하기, 일주일에 한 번은 중고 거래할 물건 찾아보기, 장바구니 담아두고 3일 후에 사기 같은 방법으로 조금이라도 만족을 지연시켜 보고 새로운 도전을 해보자. 이런 습관이 무분별한 소비를 줄이고, 점차 저축의 즐거움까지 느끼게 해줄 것이다.

스트레스로부터 나를 구원할 수 있는 마지막 방법은 미래를 위한 파종을 시작하는 것이다. 우리가 스트레스를 얻는 이유 중 상당수가 미래에 대한 불안에서 온다. 앞서 기회를 준비하는 사람이 기회를 잡을 수 있다고 했듯이 미래를 위한 어떠한 파종이라도 좋으니 미리 씨를 심어 놓는 것이다. 스트레스 해소 수단이었던 취미 생활이 우연한 계기로 직업으로 연결될 수도 있고, 언젠가 매력적인 제안을 받았을 때 현명하게 선택할 유연함을 줄 수도 있다.

결핍을 극복해가는 과정 자체가 곧 나를 알아가는 여정이 된다. 강점과 약점은 누구에게나 다르기 때문이다. 어떤 결핍을 느끼느냐에 따라서 장점이 약점이 되기도 하고, 약점이 장점으로 승화될 수도 있다. 사람이 결핍의 한가운데 서면 자존감 저하와 슬픔, 불안, 시기심 등 여러 감정이 휘몰아친다. 그럴 때 느끼는 감정은 억누르거나 부정할 것이 아니라, 자연스럽게 받아들이고 있는 그대로 수용해야 한다. 그리고 해소할 방법을 찾는 데 에너지를 쓰기로 결정하는 것이다. 그러기 위해서는 어떤 결핍이 있는지 정확하게 진단하고 감정을 기록해 보는 것도 도움이 된다. 그리고 그 결핍을 극복하기 위해서 가장 중요한 행동은 무엇인지 생각하고, 멘토를 찾을 수도 있고, 독서를 통해서 비슷한 결핍을 어떻게 극복했는지 참고해 볼 수도 있다.

'가난'이라는 단어조차 듣기 싫을 만큼 절실한 경험이 있었기에, 나는 자연스럽게 금융에 관심을 갖게 되었고, 돈을 모으면 작게나마 금이나 은에 투자했다. 결혼 이후 내가 모은 금과 은은 아빠에게 드릴 수 있을 정도였다. 이외에도 여전히 많은 부분을 노력하고 있다. 결핍이 없는 인생은 없다. 결핍은 오히려 내 삶을 계속 성찰하고 성장하게 도와주는 매개가 되기도 한다. 돌아보면 나는 결핍이 내 삶에 분명히 필요했던 요소였다고 생각한다. 결핍이 있었기 때문에 나는 더 나은 삶에 대한 갈망이 강했다. 애초에 내가 '있는 사람'이었다면 이런 의지도, 이 정도의 추진력도 없었을 것이지만, 가난이란 결핍은 나를 절박하게 만들었다. 그리고 그 절박함은 무언가에 끊임없이 시도하게 했고, 시도가 모여서 결국 내 인생을 바꾸기 시작했다. 한동안은 결핍을 이유로 스스로를 지나치게 몰아붙였고, 완벽주의적 성향과 높은 성취 기준으로 자신을 옥죄기도 했다. 하지만 점차 결핍을 받아들이고, 내 의지로 바꿀 수 없는 결핍을 감정적으로 분노하거나 회피하지 않고, '이 상황에서 지금 내가 할 수 있는 게 뭐지?'를 계속 고민하는데 더 많은 시간을 쓰려고 애썼다. 그게 결국, 도서관에 가는 습관, 금융을 조금씩이라도 공부해 보는 노력, 적은 금액이라도 저축하고 투자하는 실천으로 이어졌고, 이 습관들을 지금도 여전히 유지하고 있다. 나는 하나의 노력으로 성장을 경험할 때마다 나를 스스로 다독이며 자신감을 키웠다.

결핍은 나를 작아지게 했지만, 결국 나는 그 결핍 덕분에 '내 삶을 스스로 책임지는 사람'이 될 수 있었다.

8.

경쟁은 나를 성장하게 한다

지금까지 내가 걸어온 여정만 되돌아봐도 모든 게 경쟁이었다. 아무리 경쟁하고 싶지 않아도 사회에서는 경쟁으로 판가름하니 살려면 내가 원치 않아도 경쟁에 참여할 수밖에 없었다. 상대적인 기준에서의 경쟁은 물론, 절대적인 기준도 경쟁이 되는 사회다. 주택 청약 경쟁률뿐만 아니라 공인 자격증, 취업 빙하기, 청년층 주거 빈곤 등 많은 사람이 자격과 주거 안정을 원하지만, 수요에 대비해서 공급이 제한적인 게 현실이다. 처음에 나는 경쟁이 불공평한 게임이라고 생각했다. 애초에 출발선이 다르기에, 의사 집안에서 의사가 나고 가난한 집안에서는 가난이 대물림되는 현실이 부당하게 느껴졌다. 하지만 역으로, 어떤 부분에서는 오히려 경쟁 덕분에 불평등이 어느 정도 해소될 수도 있다는 생각을 해본 적도 있다. 예전만큼 개천에서 용 나는 그런 드라마틱한 시대는 아니지만, 경쟁으로써 기회가 주어지는 부분도 있다는 것이다. 어쩌면 경쟁은 곧 기회이기도 한 사회인 것이다.

그런데 점점 이런 건강하고 동등한 경쟁이 사라지고 있다. 로스쿨이 생기고 의전원이 생기고 그들만의 리그가 견고해졌다. 개천에서 용이 나려면 최소한의 기회라도 주어져야 하고 그 기회는 경쟁을 통해 쟁취될 수 있어야 한다고 생각한다. 작은 일에도 좌절할 수는 있지만, 그렇다고 포기해서는 더 많은 걸 잃게 된다. 결국 불평등한 세상임에도 포기하지 않는 사람들이 기회를 잡고 성취를 얻게 된다는 것을 나는 몸소 실천하면서 하나씩 깨달았다.

불합리한 경쟁 앞에서도 내가 쉽게 포기하지 않는 이유는, 내가 '결정하는 삶'을 살고 싶기 때문이다.

이 모든 기회는 내가 가만히 있었더라면 결코 주어지지 않았을 것이다. 이 시대를 살아가며 경쟁을 외면하는 것이 반드시 지조를 지키는 일은 아니다. 오히려 경쟁에 기꺼이 참여해야만 얻을 수 있는 기회와 환희가 존재함을 직접 느껴볼 수 있기를 바란다. 유명한 말이지만, 자본주의 세상에서 자본주의를 거부하고 살아갈 수 있는 사람은 이미 자본주의를 정복한 사람일 뿐일 것이다.

우리가 경쟁에 참여할 수밖에 없는 이유는 사회 구조적인 요인뿐만 아니라 심리적인 요인에서도 비롯된다. 많은 이들이 타인과 비교와 평가를 당하며 자랐고, 계속 그러한 말을 주입해서 들으면 나의 가치가 점차 흐릿하게 느껴지면서 열등감이 생길 수 있다. 그리고 그런 사람들은 자신의 가치를 남과 비교해서 맞추려다 보니 결국 경쟁의 늪에 빠진다. 이는 곧 인정욕구로 이어지고, 경쟁에 참여한 처음의 목적보다도 경쟁 자체에 집착하게 만들어 타인의 기준대로 살아갈 위험이 있다. 그러다 결국 훗날 되돌아봤을 때 자신이 원했던 삶이 아님을 발견하고 미련과 후회, 현실 부정 등으로 이어질 수 있다. 그렇기에 내가 경쟁에 참여하려는 원 목적이 무엇인지를 잊지 말고, 될 때까지 자신과 싸우는 수밖에 없다. 힘들 때 무리해서 피를 흘리라는 말이 아니다. 자책하지 말고 지친 마음이 앞으로 더 크게 성장할 자양분이 될 수 있다는 것을 믿으면서 각자 자신의 속도로 참여했으면 좋겠다. 사회 시스템은 경쟁일지라도 개인의 꿈은 경쟁이 될 수 없음을 기억하자.

내가 치열한 경쟁의 소용돌이 한가운데 있을 때, 누군가 지금 이대로도 충분히 잘 살아가고 있다는 말 한마디만 건네줬더라면, 그 불안이 조금은 덜했을까? 혼자가 아니라며 피로와 외로움을 함께 견뎌내자고 말해줬다면, 나는 더 빨리 위로받고 편안해질 수 있었을까? 그런 생각이 들 때가 있다. 경쟁 없이 평화로우면 좋겠다는 희망을 품기도 하지만, 경쟁이 없었다면 평화라는 감각도 없을 것이다. 경쟁은 생존이다. 살아남는 것이 목표인 경쟁 사회에서 성장하는 사람과 성장하지 못하는 사람의 가장 큰 차이는 반복 유무로 갈린다. 어디까지나 나의 견해이지만, 경쟁에서 밀렸는데 그대로 그냥 밀린 사람은 성장하기 힘들 것이다. 이 말은 무조건 버티는, 힘이 센 사람이 성장한다는 뜻이 아니다. 누군가 밀었는데 다시 도전하기로 결정하고선 또 다가와서 다시 밀려나는 사람은 보기에는 에너지 낭비 같아 보이고 비록 속도가 더디더라도 결국엔 계속 성장할 것이다. 그러니까 내가 밀렸는데도 다시 도전을 해서 앞에까지 다시 오면 또 기다렸다는 듯이 밀리고, 그럼 또 앞으로 가고를 반복하는 것이다. 한데 밀면 그냥 밀린 대로 그 자리에 있는 사람이 있다. 학습된 무기력으로 인해 그럴 수도 있고, 더 도전할 에너지가 없어서일 수도 있지만, 사회는 밀었는데도 다시 도전하는 사람의 성장을 막지 못한다. 삶에 도전해야 결국 성장하기 때문이라고 생각한다. 근데 참 이런 부분은 학교에서 배우지 않으니까 다들 어려워하는 것 같다. 우리는 학교에서부터 줄곧 점수로 평가를 받아 왔다. 하지만 사회는 다르다. 오히려 딱 이렇다 할 점수가 없기에, 밀렸는지 밀리지 않았는지 구분조차 어렵다. 하지만 분명 자기 자신은 알고 있을 것이다. 내가 여기서 쉬운 길을 선택했는지, 아니면 실패에 다시 맞서기로 선택하고 삶에 도전했는지를. 내가 자격증 시험이나 공기업 입사 시험에 합격하지 못했다고 해서 그때 멈췄으면 나는 내가 도전하기도 전에 포기하려 했다는 사실에 더 좌절했을 것 같다. 그래서 나는 시험에 떨어져도 계속 응시했다. 눈에 당장 보이지 않아도 다가가고 있다고 믿었다. 아무리 세상이 나를 밀어내도 다시 도전할 것이다.

그러니 한두 번 실패로 낙담하지 말자. 계속 도전해서 결국 성공을 만들어낸다면 실패는 성공을 위한 거룩한 과정이 된다. 물론 경쟁에는 필연적으로 불안, 인간관계 단절, 고립, 피로 등이 따른다. 하지만 경쟁에 참여하는 동시에, 꼭 남보다 잘해야 의미가 있는 것은 아니다. 넘어지더라도 멈추지 않은 사람에게 세상은 언젠가 자리를 내어준다.

나의 유일한 경쟁자는 어제의 나다. 남들보다 잘해야만 의미 있는 것은 아니다. 내가 지금 걷고 있는 이 길도 의미 있고 소중한 여정이다. 그러니 어제의 나보다 조금 더 나은 내가 되기 위해, 오늘도 조금씩 자신을 단단히 가꿔가면 좋겠다.

9.

'잭팟' 대신 끈기가 필요하다

도전은 한순간의 열정이 아니라, 끝까지 버티는 힘이다. 작심삼일로 끝났다면 그것은 '도전했다'고 말할 수 없다. 뜨거운 감자 같은 일시적인 열정이 아니라 미지근하게 오래 가는 난로와 같은 끈기가 필요하다. 끈기 역시 열정이다. 끝날 것 같지 않던 일을 마침내 마무리했을 때, 비로소 하나의 도전이 완성된다. 중국 명언 중에 "느린 속도가 두려운 것이 아니라 멈추는 것이 두렵다."라는 말이 있다. 빠른 것이 무조건 좋은 것이 아니다. 도전한 일에 대해서 미련이나 후회 없을 만큼 했는지는 스스로가 가장 잘 알 것이다. 나도 많은 일에 도전했지만 내가 꿈꾸고 생각했던 것만큼 순탄하게 이뤄가지는 못했다. 현재의 것들을 이루기 위해서 수많은 낙방의 경험과 재도전의 시간이 필요했다. 《행복 에너지》[2]라는 책에는 열정의 복리 효과에 대해서 나온다. 열정은 시간이 지날수록 복리처럼 불어나 더 큰 성과로 이어진다는 맥락인데, 실제로 내 경험도 그랬다. 좋은 열정이든 그릇된 열정이든 처음에는 사소한 날갯짓 같아 보여도 큰 결과를 가져온다.

열정이 사라지지 않고 지속될 때, 비로소 꿈은 현실이 된다. 그러니 좌절을 좌절로 끝내지 말아야 한다. 한순간 열정에 불타 잠깐 시도해보다가 '안 되네' 하고 금세 식어버리는 사람들을 보면, 마치 잭팟을 떠올리게 된다. 카지노에서 잭팟이 화르르 터지면 사람들은 노력 대비 나온 성과에 좋아하다가 그 잭팟으로 터진 돈으로 또다시 도박을 시도한다. 더 큰 욕심이 생기는 것이다. 하지만 노력 없이 이룬 성과는 다시 눈 녹듯 속절없이 녹아내린다. 중요한 것은 자신이 이룬 것을 스스로 지킬 힘을 갖추는 일이다. 한순간에 화르르 터지는 건 우리 인생에도 도움이 되지 않는다. 가능성도 희박할뿐더러, 그렇게 된다고 하더라도 유지되기가 어렵다. 한순간에 운으로 이룬 것은 준비된 도전과는 거리가 멀다. 준비가 되려면 아무래도 차근차근 쌓아가야 한다. 그래서 느릴 수밖에 없다. 하지만 정직하게 축적된 노력은 오히려 장기적으로 가장 안전한 길이 된다. 인생은 미술처럼, 축적의 힘이 발휘되어야 더 단

---

2 권선복, 《행복에너지》, 행복에너지, 2024.

단하게 빛난다. 아무도 뺏어갈 수 없는 자신만의 밀도로 말이다.

우리는 주변의 영향을 많이 받는다. 나의 인생과 성취에 가장 큰 영향을 준 사람은 바로 아빠다. 아빠는 이십 대 초반부터 막노동과 개인 운전기사 등등 온갖 일을 가리지 않고 하면서 동생과 나를 끝까지 포기하지 않고 길렀다. 과거엔 아빠가 어린 우리에게 관심을 더 주지 않는다고 원망했던 적도 있었지만, 지금 어른이 되어보니 관점이 달라졌다. 나를 낳고 부모가 된 아빠의 나이가 이십 대 초반이었던 걸 생각하면 아빠의 막막함과 힘듦이 어느 정도였을지 헤아릴 수도 없다. 부모가 되기에는 너무 어린 나이였지만, 그 나이에 가족을 부양하려 한 것 자체가 깊은 책임감의 증거였고, 대단한 일이었다. 나는 커가면서 알게 모르게 아빠의 그런 부분을 존경하고 동시에 배우고 있었다. 실패를 반복해도 계속 무언가를 시도하는 힘, 그것이야말로 아빠에게서 물려받은 나의 가장 소중한 자산이었다. 그 오뚜기 같은 관성으로 내가 현실에서 마주한 장벽과 무기력에서 벗어나려고 발버둥을 치다 보니 조금씩 상황이 나아졌다. 하나의 성취가 다음 성취에 영향을 끼친다. 그렇게 인생의 행로는 점점 더 좋은 방향으로 나를 이끌어갈 것이다.

삶은 총체적이다. 단편적인 일로 섣부른 판단을 하면 안 된다. 현재까지 앞이 막막하다고 해서 평생 앞이 막막하다는 보장은 없다. 반대도 마찬가지다. 이제는 앞으로 내 인생에 가장 큰 영향을 줄 수 있는 사람이 나 자신이라고 생각한다. 그러니 나와 더 친하게 지내고 내가 가진 강점들을 어떻게 더 잘 활용할지 고민하고, 열정을 적절하게 나누어 지속할 수 있도록 균형을 잡을 것이다. 그러다 보면 내가 바라는 성공에 조금은 가까워지지 않을까?

내가 생각하는 성공이란 내가 원하는 상태를 말한다. 단지 내가 원하는 나 자신이 되는 것인데 예전에 나는 성공은 멀리 있는 것처럼 느꼈다. 왜냐하면 자꾸만 다른 사람이 추구하는 성공에 나를 맞추려고 했기 때문이다. 하지만 지금의 나는 마음가짐이 다르다. 세상에는 여전히 내가 하고 싶은 일도 많고, 내가 해야 할 일도 많다.

내가 원하는 상태에 도달하면, 또 다른 새로운 목표가 생길 것이다. 내게는 시기별 목표를 이뤘다고 해서 끝이 아니고 오랫동안 지속해서 내 삶을 더 풍요롭고 원하는 상태로 만들고 싶다는 목적이 있기에 나는 평생에 걸쳐 도전에 도전을 거듭할 것이다. 아직 인생에 최고의 순간이 오지 않았다는 생각은 내게 여전히 도전하게 하는 원동력이 된다. 어떤 상황이 펼쳐지든 이미 벌어진 상황 때문에 오래 낙담하지 않았으면 좋겠다. 모두에게는 각자만의 사정이 있고, 각자의 때가 있다. 내가 여러 이유로 무언가에 도전하는 일을 멈췄다면 나는 내가 원하는 것을 이뤄나가지 못했을 것이다. 지금까지 살아오면서 극복하기 어렵다고 생각한 것은 딱 하나, 선천적으로 주어진 신체적·정신적 조건이다. 선천적인 부분은 개인의 노력으로 극복하기 어렵지만, 후천적인 부분은 개인의 노력 여하에 달라질 수 있다. 그러니 선천적인 조건을 제외한 내 삶의 운전대는 내가 잡고 있다는 사실을 알아야 한다. 삶이라는 도로 위에서 내가 원하는 방향으로 각도를 틀고 움직이는 건 오롯이 나의 선택이다. 그러므로 나만이 나를 조금씩 조금 더 나은 위치로 옮겨 놓을 수 있다는 것을 기억하자. 어떤 벽이든 계속 부딪히다 보면 결국 금이 생기고, 그 금이 가는 순간의 힘으로 완전히 무너뜨릴 수도 있다. 그러기 위해서 우리는 계속 도전해야 한다. 여러 시도를 해 봐야 벽을 깰 가능성이라도 생기는 것이니 말이다.

세상은 일단 도전하다 보면, 도전하는 자에게 의외로 많은 것을 할 수 있다는 '가능성'을 선물할 것이다.

"작게 시작하라. 그것이 가장 빨리 성공하는 길이다."
Start small. It's the fastest way to succeed.

– 마르코 폰 뮌히하우젠

10.

정해지지 않은 세계 속에서

나는 봄을 좋아한다. 혹독한 겨울을 지나온 봄은 특유의 무언가 시작되는 듯한 느낌도 좋지만, 무엇보다 봄에 피는 벚꽃이 예쁘고 아름답기 때문이다. 벚꽃이 아름다운 이유는 흐트러지는 듯한 무질서 속에서도 꽃잎이 만들어내는 일정한 질서감 때문이다. 벚꽃은 봄에만 핀다는 것, 그리고 매년 봄마다 같은 모습으로 매번 다른 감동을 준다는 점. 그렇게 정해진 것과 정해지지 않은 것이 조화를 이루는 모습이 완벽하게 느껴져 좋다. 인생 역시 거대한 질서 속의 무질서란 미학이 있다.

"생각대로 되지 않는다는 건 정말 멋진 일이다. 생각지도 못한 일이 펼쳐지기 때문이다." 내가 좋아하는 빨간 머리 앤 대사 중 일부이다. 이 문구가 오래 마음에 남았다. 그리고 그 문장은 나를 숨통 트이게 했고, 나아갈 수 있는 힘을 주었다.

　이제까지 생각한 대로 실천하라고 해놓고 갑자기 생각대로 되지 않아도 된다는 말에 모순이 아닌가 생각했을 것이다. 하지만 세상일은 단편적인 일로 일반화할 수도 없고, 결론을 내릴 수도 없으며, 애초에 생각한 대로 흘러가지도 않는다.

　지금 일이 당신의 생각대로 풀리지 않는 것은, 어쩌면 더 멋진 일로 이끌기 위한 우주의 계획일지도 모른다. 양자역학적 관점에서 이 세상에 내가 할 수 있는 일과 내가 할 수 없는 일은 동시에 존재한다. 큰 운명을 바꿀 수 없더라도 사소한 선택들로 미세한 조정은 해 나아갈 수 있다는 말이 되기도 한다. 삶에는 예측이 되는 일이 있고 예측 불가능한 일이 있다고 한다.

　처음 양자역학을 접했을 때, 그 개념은 직관적이지도 않고 비현실적이라고 생각했다. 그래서 오히려 더 호기심이 생겼다. 입자가 동시에 여러 곳에 존재하고, 무언가를 바라보기 전까지는 결과가 정해지지 않는다니. 점점 알고 나니 현실적으로 점차 모습을 바꾸었다. 양자역학 이론은 나에게 단순한 물리 이론이 아니라, 그저 이 현실에 '살아남으려는 내 삶의 모습' 같았기 때문이다. 양자 세계의 입자처럼, 우리의 선택도 동시에 여러 가능성 속에 존재할 수 있다. 마치 우리가 "이걸 해볼까, 아니면 저걸 해볼까"라는 수많은 가능성 속에 있는 것과 같다. 내가 처음 무기계약직을 나와 정규직으로 옮기려 했을 때 사람들은 내게 이렇게 말했다.

"왜? 그 좋은 곳을 왜 나와?"

"연봉도 줄어들 텐데, 아깝지 않아?"

하지만 나는 어렴풋이 느꼈다. 지금 이대로 도전하기를 멈추면 내 삶은 하나로 고정된다는 걸. 앞으로 10년 후의 나는 거의 달라지지 않을 거였다. 나는 그 정체된 상태와 변화 없는 삶이 두려웠다. 양자역학의 주요 개념 중에 '중첩(superposition)'이라는 개념이 있다. 입자는 한 지점에 있는 것이 아니라, 여러 가능성 속에 동시에 존재한다는 내용을 담고 있다. 나 역시 늘 중첩된 사람이었다. 죽고 싶은 나, 버티는 나, 꿈꾸는 나, 포기하는 나, 그래도 한 발짝 내딛는 나. 이 모든 내가 빛의 스펙트럼처럼 동시에 내 안에 있었고, 나는 항상 어떤 나를 선택할지를 고민했다. 불확실함은 나를 두렵게 했고, 결정되어 버린 삶은 나를 질식시켰다. 그래서 나는 그 어느 것도 확정되지 않은 공간으로 걸어 들어갔다. 두렵지만 숨 쉬고 살아야 했기 때문이었다.

물론 지금의 선택이 미래에 어떤 결과를 낳을지는 모를 일이다. 하지만 미래를 알 순 없어도 시도해볼 가치는 있다. 확실한 건 없지만, 움직일수록 확률은 바뀐다는 것만은 분명한 사실이다. 이 세상의 모든 도전과 미래는 양자의 세계처럼 100% 정해져있지 않다. 그저 가능성이 높거나 낮은 것이다. 그러니 도전을 계속 시도할수록 '성공할 확률'

은 점점 높아질 수밖에 없다. 또 하나 희망적인 점은, 양자역학적 관점에서 도전이란 '결정되지 않음' 속에서 오히려 가능성과 확장성을 발견하는 일이라는 것이다. '세상은 처음부터 정해져 있지 않다'는 건 도전하는 사람에게 가장 강력한 선언이 될 수 있는 것이다. 도전하는 삶이란 '지금까지의 결정된 나' 외에 '될 수도 있었던 나'의 가능성까지 품는 삶을 말한다. 우리가 도전을 선택하는 순간, 나의 인생 경로는 서서히 내가 선택한 방향으로 '확정'되기 시작한다. 그러니 당장 정확하게 미래를 알 수 없다고 해서, 의미가 없는 것이 아니다. 도전을 선택했다면 어떤 마인드로 일에 임하면 좋을까.

사람이 생각한 곳에 길이 나고 끝내 의미가 생긴다. 내 삶 역시 미지의 확률 속에 놓여 있었고, 그 확률을 바꾼 건 나의 도전과 그때그때의 선택들이었다. 그 길을 가는 여정에서 내가 생각하지도 못할 기회들이 펼쳐진다. 이 사실을 미리 알면 우리는 묵묵히 걸어가면서 불어오는 미풍을 그대로 느끼며 살아갈 수 있을 것이다. 내가 내일을 두려워하지 않는 이유는 단순히 '어떤 기쁨이 올지 모른다'는 설렘 때문이 아니다. 새로운 내일을 위해 내가 오늘을 충전하고 다시 마음에 중심을 잡을 수 있다는 사실 덕분이다. 매일 나를 돌보며 동시에 나를 이끌어가는 일이야말로, 주체적인 삶을 위한 가장 중요한 요소가 아닐까? 그러니 오늘 당신의 하루가 내일의 두려움이 되지 않았으면 좋겠다. 되돌아본 하루에 감사함과 재미를 가득 발견하면 좋겠다.

Epilogue

오늘보다 더 나은 내일을 위하여

책을 마치고 나니 긴 여정을 떠나온 듯한 보람과 동시에 더 책 속에 머물고 싶다는 아쉬움이 밀려온다. 본문에서 말한 바와 같이 나는 한때 무직 백수였고, 우울증으로 극단적인 생각도 해봤다. 게다가 가난과 ADHD라는 복합적인 어려움을 안고 살아왔다. 이 과정에서 나 역시 힘들고 지치며 포기하고 싶은 순간도 많았지만, 나를 인정하고 심리치료를 받으면서 꾸준히 노력했다. 그 결과, 우울증 감소 및 공기업 취업과 내 집 마련이라는 여러 가지 목표를 이뤄냈다. 이런 나의 경험을 두고 어떤 이는 나의 상황이 열악했다고 말할 것이고, 또 어떤 이는 그저 평범한 경우라고 여길 것이다. 또 다른 누군가는 당시의 내 상황이 지금 자신이 처한 상황보다는 낫다고 생각할 수도 있다. 사람은 누구나 각자의 상황과 관점이 모두 다르기 때문이다.

책을 쓰기에 앞서 처음에는 두려움이 컸다. 하지만 쓰면서 점점 나를 더 알게 되고, 시야가 확장되었다. 그렇기에 그 상황과 관점을 어떻게 전환하고 유연하게 극복하는지가 중요하다는 걸 이 과정을 통해 다시 한번 깨달았다. 상황이 다르니까, '당신은 되고, 나는 안 돼'라고 스스로 선을 그으며 겁부터 먹지 않았으면 한다. 그리고 도전은 미래에 닥칠 또 다른 도전에 대비할 수 있게 해주며, 더 깊은 통찰의 기회를 열어준다.

내가 이 책을 쓴 이유는 내가 많은 것을 이뤄냈다고 말하고 싶어서가 아니다. 우리는 모두 주어진 상황이 다르다. 그러나 어떤 환경에도 스스로 선을 긋고 현실에 굴복하지 않기를 바라는 간절한 마음에서 집필은 시작되었다. 자신이 할 수 있는 가장 작은 단위의 만족을 만들어 가보면 좋겠다. 지금의 나는 '성취'보다는 '만족'이 더 중요하다고 느낀다. 예전엔 성취가 더 중요하다고 생각했다. 뭔가 이루지 않으면 존재의 의미가 없다고 느꼈기 때문이었다. 하지만 지나고 보니 성취는 만족을 위한 수단일 뿐, 그 자체가 목적이 될 수는 없다는 걸 깨달았다. 도전하는 삶을 살다 보면 하루하루 성취를 이룰 수도, 혹은 성취를 이루지 못할 수도 있다. 하지만 실패 속에서도 만족을 발견하고, 또 도전할 힘을 기르는 것이 더 중요하다고 생각한다. 그러면 점차 만족스러운 삶에 가까워지지 않을까 생각한다. 도전을 시도하는 지금 순간에 만족하는 것도 의미가 있으니 말이다. 계속하자. 계속 도전하다 보면 되는 날도 있다.

나도 처음부터 긍정적인 생각과 도전 정신이 넘쳤던 것은 아니다. 안으로는 나 자신을 부정하면서도 겉으로는 아닌 척 애썼다. 나를 위해서라도 매사에 긍정적으로 사고하려고 노력했다. 어찌 보면 생계 지원을 받을 만큼 사회의 낮은 계층이며, 특별한 재능을 타고난 것도 아닌 평범한 사람이다. 이런 나도 삶에 도전하고 어떻게든 살아내니까 살아졌다. 나는 어려운 순간을 경험하면서 오히려 삶의 새로운 가치와 의미를 발견할 수 있었다.

인생은 쉬지 않는 롤러코스터 같다. 힘든 순간만큼 기쁜 순간도 온다. 나를 포기하지 말아야 그 기쁨을 알 수 있다. 지금은 믿기지 않겠지만 미래는 살아보지 않고서는 알 수 없지 않겠는가. 어떤 이벤트가 벌어질지, 남과 나를 행복하게 만들 어떤 기회가 주어질지 모른다. 작은 것이라도 도전하면 삶은 반드시 변한다. 그 과정에서 나는 주어진 상황을 비관하기도 하고 혼자 오롯이 싸워가야 하는 현실에 수없이 많은 고민과 걱정으로 밤을 지새웠으며, 때로는 울며 겨자 먹기로 하루하루를 버텨내듯 살아야 했다. 우울증을 치료하고 일하면서 동시에 취업 준비하는 과정은 쉽지 않았다. 하지만 그 과정에서 나는 조금씩 성장하며 내가 가진 한계를 넘어서는 법을 배웠다. 내 환경이 내 인생을 결정하게 둘 수 없었다.

어려운 순간마다 내가 붙잡은 것은 바로 '내 주체성'과 '내가 바꿀 수 있는 미래'였다. 남의 시선이나 사회적 기준에 얽매이지 않고, 내 인생의 주인으로 살아가기로 결심했기에 가능한 일이었다. 마음을 먹는 일만큼이나 실질적인 행동의 변화가 중요하다. 나는 내 상황을 인정하고, 우울증과 ADHD 치료에 적극적으로 임했으며, 내 성향에 맞는 방식으로 취업을 체계적으로 준비했다. 꾸준하면 된다는 생각으로 안 되면 될 때까지 도전했다. 이 시기를 이겨내고, 이 감정을 넘어서면 앞으로 살면서 더 어려운 일이 있더라도 그 일을 통해서 보다 현명한 결정을 하게 될 거라고 믿었다. 소소하지만 작은 성취가 쌓여 결국 큰 목표를 이루는 원동력이 되었다. 심리학자 아들러는 "사람은 자신이 가치 있다고 생각할 때만 용기를 가질 수 있다."라고 말했다. 의심 없는 믿음이 빛을 발하는 순간은 반드시 온다. 사람들은 도전을 두려워한다. 뭔가를 보장하지도 않고, 확실하게 정해지지도 않았기 때문이다. 하지만 나는 이제 이렇게 말하고 싶다. 정해지지 않았기에, 나는 다시 태어날 수 있었다고.

이 책을 통해서 나는 단순한 위로를 넘어서서, 실질적으로 도전하는 법을 전하고 싶다. 하지만 책 속에서 내가 말한 이야기들은 완강한 강요나 절대적인 진리가 아님을 강조하고 싶다. 힘든 시절을 통과하는 모두에게 도움이 되는 책이면 좋겠지만, 특히 나처럼 어려웠던 시절을 겪은, 혹은 겪고 있는 청년들이 이 글을 읽어줬으면 좋겠다. 사람이 힘든 절벽 앞에 놓이면 미래가 없다고 생각하며 이르게 좌절할지도 모른다. 그래서 나는 내가 겪은 이야기를 들려주고 싶었다. 나의 경험을 바탕으로 도움이 될 거라 생각되는 메시지를 모두 쏟아냈다. 이 책을 통해 말하고자 하는 메시지를 딱 하나만 꼽자면, 현실을 기준으로 미래의 가능성까지 스스로 닫아버리지 않았으면 좋겠다는 거다. 이 이야기가 독자의 마음속에 작은 용기의 불씨를 지피는 긍정적인 계기가 되면 좋겠다. "그래! 나도 해보자!"라고 마음먹은 그 순간, 당신은 이미 변화의 첫걸음을 시작한 것이다. 변화는 마음먹는 순간이 아니라 실천하는 순간부터 시작된다.

현대를 살아가는 모두가 저마다의 어려움을 안고 있지만, 어려운 시련이 왔다고 해서 모두가 좌절하지는 않는다. 처음에는 세상이 원망스럽고, 무력하며, 아무런 희망이 없어 보일지도 모른다. 하지만 우리는 우리 앞에 놓인 문제를 극복하고 성장할 수 있는 힘을 가지고 있다. 어렵게 극복할수록 깊은 성장이 된다. 나는 그 힘을 믿는다. 나는 위기를 극복하고 목표를 이룬 다른 사람들의 도전과 결실을 보면서 힘을 받았다. 그래서 책을 만난 독자님들께, 함께 우리도 우리의 목표에 도전해 보자고 손 내밀고 싶다. 당신의 도전도 누군가에게 큰 용기가 될 것이다. 거창한 도전이 아니라 작은 도전이 필요하다고 이야기한 것처럼, 도전할 때도 작은 용기가 곧 당신에게 큰 의미로 다가올 것이다.

지금까지의 내 성장 동력이 과거의 결핍된 무엇이었다면, 이제는 희망과 의미, 누군가를 돕고 싶은 마음이 나를 더 움직이게 한다. 이전에는 '살아남기 위해' 움직였다면, 지금은 '내 이야기가 누군가에게 힘이 될 수 있다면' 하는 의미 중심의 동기가 점점 커졌다. 나는 가난을 극복하고 나의 삶을 재구조해 온 나의 이야기가 당신의 터널 속 출구를 찾는 데도 도움이 되기를 진심으로 바란다. 우리의 새로운 시작을 응원하면서 나는 오늘도 무언가를 도전한다. 나의 가장 빛나는 순간은 아직 오지 않았음을 믿는다. 미래의 내가 어떤 사람이 될 수 있을지 기대된다. 그때는 지금보다 더 깊은 사람이 되고 싶다.

이 책을 출간할 수 있도록 용기를 심어준 심리치료사님, 그리고 응원을 준 여동생에게 고맙다는 말을 하고 싶고, 그리고 평소에 내게 많은 표현은 안 하지만 늘 나를 믿어주는 아빠에게, 지금까지 잘 키워주고 지켜준 것만으로도 감사하며 이제는 보답하고 싶다는 말을 전하고 싶다. 또한 누구보다 옆에서 나를 격려해 주고 같이 고민해 준 남편에게 감사를 전한다. 남편의 관심과 다정함 덕분에 포기하지 않고 끝까지 쓸 수 있었다. 마지막으로 어떤 상황에서도 포기하지 않고 묵묵하게 삶을 지켜준 나 자신에게도 애썼다고, 앞으로도 잘 부탁한다고 전하고 싶다.

버텨냈다는 것은
당신이 그토록
강하다는 증거

1판 1쇄 발행   2025년 10월 15일

지은이   신정미
펴낸이   정원우
편집총괄   민지현
디자인   홍성권

펴낸곳   어깨 위 망원경
출판등록   2021년 7월 6일 (제2021-00220호)
주소   서울시 강남구 강남대로 118길 24 3층
이메일   book@premiumpublish.com

ISBN   979-11-93200-41-4 (03810)

ⓒ2025, 신정미 All rights reserved.

이 책은 저작권법에 따라 보호받는 저작물이므로 무단전재와 무단복제를 금지하며,
이 책의 내용을 이용하려면 반드시 저작권자와 본사의 서면동의를 받아야 합니다.